Wilhelm Friedrich Karl Stricker

Beiträge zur ärztlichen Kulturgeschichte

Fremdes und Eigenes

Wilhelm Friedrich Karl Stricker

Beiträge zur ärztlichen Kulturgeschichte
Fremdes und Eigenes

ISBN/EAN: 9783743653948

Hergestellt in Europa, USA, Kanada, Australien, Japan

Cover: Foto ©ninafisch / pixelio.de

Weitere Bücher finden Sie auf **www.hansebooks.com**

Beiträge
zur
ärztlichen Culturgeschichte.

Fremdes und Eigenes

gesammelt und herausgegeben

von

Wilhelm F. C. Stricker,
Dr. med. et chir.,
Arzte in Frankfurt a. M., vieler gelehrten Gesellschaften Mitgliede.

Frankfurt a. M.
Verlag von Franz Benjamin Auffarth.

1865.

Vorrede.

Die Geschichte der Medicin kann naturgemäss nur die epochemachenden Thatsachen, die hervorragenden Geister berücksichtigen. Wie die grosse Mehrzahl der Aerzte zu einer bestimmten Zeit ihren Beruf in wissenschaftlicher und sittlicher Beziehung aufgefasst hat, welche Stellung in socialer Hinsicht die Aerzte in verschiedenen Zeiträumen und bei verschiedenen Völkern eingenommen haben, welchen Moden und Vorurtheilen sie gehuldigt, welchen Nebenbeschäftigungen sie sich mit Vorliebe hingegeben, wie die verschiedenen Classen des heilkundigen Personals zu einander gestanden und wie neben ihnen die Afterärzte sich bewegt, wie oft Hass und Neid wegen besserer Befähigung die Larve des religiösen Eifers oder der Standesehre vorgenommen, — diese und viele andere Fragen zu beantworten hat die Geschichte der Medicin weder den Raum noch das gehörige Material. Dies Grenzgebiet zwischen der practischen Medicin und vielen andern Wissenschaften habe ich „ärztliche Culturgeschichte" genannt.

Die nachstehenden Mittheilungen sollen Steine sein zu deren allmählichem Aufbau; sie sollen dem Arzte zu ernster Betrachtung Veranlassung geben und ihn auch wohl zu Hause in müssiger Stunde oder wenn er über Land fährt, erheitern, ja vielleicht achtet, da wir uns alles Eingehens in die strenge Wissenschaft enthalten haben, auch der medicinische Laie das Büchlein eines Blickes werth.

Findet das vorliegende Heft bei den Collegen Beifall, so soll in einiger Zeit ein zweites folgen, denn
„Viele gefiederte Pfeile
Ruhend versteckt im Köcher
Trägt meine Schulter noch!"

Frankfurt a. M., Ende März 1865.

Dr. W. Stricker.

Inhaltsverzeichniss.

	Seite
I. Johann Christian Ehrmann. Von Str.	1
1. Geheime Instruction. Von Ehrm.	8
2. Moyen de Parvenir. Von Ehrm.	17
II. Physicatsgutachten pcto. Impotentiae, Frankfurt, 1786.	23
III. Pockenpoesie. Von Str.	25
IV. Die Aerzte in Goethe's Jugendzeit. Von Str.	32
V. Eine Entbindungsreise in Litthauen. Von Dr. Gaulke in Insterburg	38
VI. Die chinesische Medicin. Nach Dr. Tatarinoff von Str.	44
VII. P. Bretonneau. Nach Velpeau v. Str.	50
VIII. Zur Culturgeschichte der deutschen Bäder. Von Str.	55
1. Schwalbach	57
2. Pyrmont	69
3. Spa	72
4. Baden im Aargau	76
5. Delitzsch	84
IX. Das Verhältniss der Aerzte zur Bevölkerung in Preussen und Frankreich. Von Str.	86
X. Der Ritter Taylor. Ein Beitrag zur Geschichte der Augenheilkunde vor hundert Jahren. Von Str.	91
XI. Crato von Kraftheim Von Prof. Henschel in Breslau.	123
XII. J. G. Rademacher über das ärztliche Gewissen und über Aftermedicin. Aus seinen Schriften zusammengestellt v. Str.	146
XIII. Antibarbarus medicus. Von Str.	156
XIV. Kleinere Mittheilungen	159—164

Druckfehler.

Zu S. 101. Taylor verweilte in Frankfurt bis zum 23. Februar 1750, nicht 1752.

I.

Johann Christian Ehrmann.

Johann Christian Ehrmann, geb. 1749 zu Strassburg, promovirte am 8. Dezember 1772 zu Basel und wurde 1779 in Frankfurt a. M. als Arzt aufgenommen. 1796 wurde er Garnisonsarzt und 1804 Arzt am Rochuskrankenhaus für Unreine (Krätzige und Syphilitische). Unter der fürstlich primatischen Regierung wurde er 1808 als Medizinalrath emeritirt, zog 1821 nach Speyer und starb daselbst am 31. August 1827.

Seine Doctordissertation handelte: de colchico autumnali (Basel, Imhof 21 pp. 4^0 1772); ausserdem verfasste er: Practische Versuche in der Darmgicht der Pferde, Frkfrt. 1778, 8^0; pr. Vers. in der Maulsperre der Pferde, Frkfrt. 1779, pr. Vers. in dem Dampfe der Pferde, Frkfrt. Andreä, 1780, 8 Bg. 8^0; ferner: Beiträge zur Aufklärung des Trippers, Frkfrt. Andreä 1780, 2 Bg. 8^0, psychologische Fragmente zur Macrobiotic oder die Kunst, sein Leben zu verlängern, Frkfrt. bei Varrentrapp und Wenner 1794, 4 Bg. 8^0; über den Kuhpockenschwindel 3 Hefte, Frkfrt. Andreä, 8^0 1802, und Untersuchung der Frage, ob der Tripper eine Krankheit eigner Art sei oder ein venerischer Zufall. Frkfrt. 1808, 8^0. Mit Dr. Joh. Valentin M ü l l e r (1756—1813) gab er heraus: Rhapsodien in Bezug auf technische Heilkunde, Chirurgie und gerichtliche Arzneiwissenschaft, Frkfrt. Andreä, 1805. 182 S. 8^0.

Im Jahr 1795 erschienen folgende zwei Schriften:
1. Die Nachtmenschen oder moralisch-medicinische Bekenntnisse eines reisenden Italieners. Ans Licht gestellt durch Felix Pantolphi, Leibarzt in Apulien 1795, 300 S. 8⁰.
2. Die entlarvten Nachtmenschen und ihre moralisch-medicinischen Bekenntnisse, allen irregeführten ehrlichen Leuten und seinem hintergangenen Bruder Felix öffentlich zur Schau gestellt von Christian Pantolphi, päpstlichen Hofmedicus und Exilluminaten in Rom. 1795. 230 S. 8⁰.

Die Vorrede von No. 1 ist datirt: „Puzzareno bei Taranto in Apulien, am 2. Dezember 1794." Die Fiction, auf welcher das Werk beruht, ist folgende: Der Verfasser, Felix Pantolphi, habe vor fünf Jahren wegen Kränklichkeit seine Stelle als Leibarzt niedergelegt und sich auf sein Landgut Puzzareno zurückgezogen, aber er erhielte so viele Aufforderungen sowohl von italienischen als von ausländischen Höfen, ihnen taugliche Leibärzte zu verschaffen, dass er sich entschlossen habe, vor anderthalb Jahren einen jungen Arzt auf seine Kosten Italien, die Schweiz und Deutschland durchreisen zu lassen, um die bekanntesten Aerzte dieser Länder moralisch abzusilhouettiren. Vor einem Monat sei er zurückgekehrt und in diesem Buche lägen die Resultate seiner Forschungen vor. Eine Nachschrift vom Januar 1795 von der Hand Pantolphi's belehrt uns, dass sein junger Freund leider bald nach seiner Heimkehr verstorben sei. Seite 186 dieses Buches findet sich über Ehrmann folgende Stelle: „Ehrmann, ein sehr guter Kopf und geschickter Arzt, aus Strassburg gebürtig und durch Heirathen hier ansässig geworden, hat den Ruf eines glücklichen Praktikers. Uebrigens ist er, nach seinem moralischen Charakter, wohldenkend, menschenfreundlich, bescheiden und ein Mann, der alle Pflichten erfüllt, die einem Maçon zukommen. In der gelehrten Welt ist er durch zwei kleine Schriften über den Tripper und den Rotz der Pferde bekannt." Und ferner Seite 221: „Hofmann senior (Joh. Michael, 1741—1799) und Ehrmann sind sich einander ganz Pylades und Orestes; nie gibt einer von ihnen etwas zum Druck, ohne dass es der Andere entweder mit Anmerkungen begleitet, oder etwas liefert, was darauf Bezug hat."

Die Vorrede von No. 2 ist unterzeichnet: „Rom, im Erndtemond 1795"; der Verfasser ist ein jüngerer Bruder Felix Pantolphi's; er hat sich überzeugt, dass der Bote seines Bruders denselben vielfach falsch berichtet hat und sendet nun selbst einen sichern Mann aus, dessen Briefe (der erste aus Bopfingen! vom 24 März 1795) hier mitgetheilt sind. Dieser weicht in seinen Berichten nicht gerade in Allem von seinem geschmähten Vorgänger ab; denn über Ehrmann heisst es: „Es ist mir unbegreiflich, wie der Puzzarener eine solche superficielle Schilderung von einem Manne entwerfen konnte, der wirklich unter den Aerzten F's. den Hauptrang behauptet. Ich glaube nicht, dass er ihn je gesprochen, noch seinem Menschenkennerblick unter die Augen zu treten sich gewagt hat, denn dieser Mann, welcher wahres physiognomisches Gefühl besitzt, würde ihn sogleich mit dem ersten Blitze seiner Feueraugen in dem Augenblicke durchschauet haben. Ich bin sein Lobredner nicht, aber da ich es mir zur Ehre schätze, seine genaueste Bekanntschaft gemacht zu haben, so gestehe ich, dass er im Anfang etwas Auffallendes in seinem Tone besitzt; aber es ist ächter deutscher Biedersinn, der so handelt, wie er spricht, der so denkt, wie er handelt und dem man zurufen kann: „Hier ist ein wahrer Israelite, in welchem kein Falsch ist!" Er war es (um von seinem medicinischen Verdienste nur ein Weniges zu berühren) der dem, nunmehr durch manchen Kreuz- und Quersprung sehr veränderten und missgestalteten medicinischen Wochenblatt*) im Jahr 1780 Form und

---

*) Medicinisches Wochenblatt für Aerzte, Wundärzte und Apotheker herausgegeben von J. J. Reichard, I. Jahrgang 1780 Frfrt. 1780; ebenso 1781, 82; fortgesetzt von J. V. Müller, 1783, 84, 85, 86, 87, 88. Neues medicinisches Wochenblatt für Aerzte, Wundärzte, Apotheker und Freunde

Einrichtung gab, und gewiss, wäre Reichard (Joh. Jac. 1743—1782) am Leben geblieben, so würde unter dessen und Ehrmann's Aufsicht dieses Institut über alle medicinischen Journale ein entscheidendes Uebergewicht gewonnen haben. Er war es, der die ersten Schritte that zur Verbesserung der Frankfurter Medicinalpolizei. Ihm hatten es Frankfurts Bürger zu verdanken, dass ihre Kinder bei Weihnachts- und Neujahrsconfituren nicht mehr das schmutzige Zuckerbäckergold verzehren und dadurch den Grund zu so vielen Kinderkrankheiten legen. Er war es, der die von dem Frankfurter Physicat entworfenen armseligen Vorschläge: „„„Wie Ertrunkene wieder zum Leben gebracht werden können?"""" verbesserte und den dabei zu gebrauchenden Apparat angegeben hat. — — Das Hauptverdienst aber, welches sich Ehrmann um das Frankfurter Stadtwesen erwarb, bestehet in der Verbesserung des dasigen Stadtlazareths. Hier können diejenigen, welche über Soldatenkrankheiten schreiben wollen, in die Schule gehen, und von dem wahren Lazaretharzt, statt ellenlanger Recepte, ein körniges Formular lernen Ich würde zuviel ausschweifen, wenn ich alle die trefflichen Einrichtungen beschreiben wollte, welche Ehrmann in dem Frankfurter Stadtlazareth veranstaltet. Jeder durchreisende Arzt wird nicht unterlassen, dasselbe zu besuchen und den getroffenen Anstalten, wie nicht weniger den von Hrn. Dr. Klees unter Ehrmann's Leitung präparirten Skeleten seinen Beifall zu schenken."

In dem Exemplar von No. 2 (Christian Pantolphi), welches die Senckenbergische Bibliothek aus der Büchersammlung des bekannten Bibliographen J. G. B. F. Kloss, Dr. med. und Professor, Ehrmann's Nachfolger als Arzt

---

der Naturwissenschaften, unter der Aufsicht der medicinischen Facultät zu Giessen 1789. Giessen und Frkfrt a. M. Medicinisches Wochenblatt oder fortgesetzte medicinische Annalen für Aerzte, Wundärzte, Apotheker und denkende Leser aus allen Ständen, herausgegeben von J. V. Müller und G. F. Hofmann. Frfrt., Jäger 1790, 91.

des Rochusspitals (1787—1850), besitzt, ist von dessen Hand eingetragen: „Verfasser sind die med. Dr. Joh. Chr. Ehrmann und Joh. Georg Klees (1770—1849) zu Frankfurt a. M. Dieses gestand mir J. Gg. Hoffmann junior*) (1764—1848) im Jahre 1833 und 1842. Von ihm rührt die Recension her in Müllers (J. V.) und Hoffmanns (G. F.) medicinischem Wochenblatt." Aber wer. war der Verfasser des ersten Werkes (Felix Pantolphi)? Wir zweifeln nicht: ebenfalls Ehrmann. Der Styl ist derselbe, der Schreiber kennt Frankfurt und Gegend am genauesten und verweilt am längsten bei hiesigen Persönlichkeiten. Mancherlei Widerlegungen des ersten Buches durch das zweite sehen gerade so aus, als sei ein Schabernack damit beabsichtigt; so werden auf Seite 214 ff. von No. 1 von dem Reichthum und der Prachtliebe des Dr. Joh. Mich. Hoffmann (1741—1799) und von dem musikalischem Talent der Gemahlin desselben grosse Lobeserhebungen gemacht und diese Angaben auf Seite 214 von No. 2. als schlechte Witze widerlegt und durch höchst komische Angaben über die Quelle von dessen Reichthümern ersetzt. Seine Freundschaft mit Dr. Ehrmann wird in Zweifel gezogen.

Frau Maria Belli, geborene Gontard, welche mit Ehrmann befreundet war, sagt in ihrem Werke: „Leben in Frankfurt a. M." Frkfrt. 1850, VI. 156 Folgendes über Ehrmann: „Er verheirathete sich am 15. März 1779 mit Maria Marg. Buttmann, Schwester des bekannten Grammatikers, welche 1756 geboren war und 1816 starb Von zwei Söhnen, die er hatte, starb der jüngere als kleines Kind, und der ältere, der zu grossen Hoffnungen berechtigte, fiel im achtzehnten Jahre im Duell. Ehrmann war mit einem fühlenden, warmen Herzen begabt, treuer Freund, Wohlthäter der Armen; aber er zeigte die rauheste Aussenseite. Desshalb und weil er stets seine Meinung ohne Rückhalt äusserte, hatte er viele Feinde. Auch mit den meisten seiner Collegen lebte er im Hader. Zu seinen Schwächen

---

*) Soll heissen Georg Friedrich Hoffmann.

gehörte ein grenzenloser Judenhass, der ihn zu manchen auffallenden Handlungen verleitete. So kaufte er einmal einen im Intelligenzblatt ausgebotenen Frauensitz in der Synagoge und setzte sich am nächsten Sabbath darauf. Auf sein Kaufrecht pochend, wollte er sich nicht entfernen und nur nach Zahlung einer bedeutenden Summe, die er für christliche Arme bestimmte, entsagte er seinem Besitze. Nach dem Tode seines Sohnes nahm er einen jungen Mann an Kindesstatt an, welcher seinen Namen tragen musste und später Arzt in Speyer wurde; zu ihm zog sich Ehrmann 1821 zurück".

Ehrmann's Zerwürfnisse mit seinen Collegen bezogen sich besonders auf die Vaccination, deren Gegner er war. 1801 hatten die Physici sich für deren Einführung ausgesprochen in einem Gutachten, worin folgende Stelle vorkam: „Physici würden sich selbst tadeln, wenn sie dieser neuen Entdeckung nicht das Wort reden und sie nicht weit über die Erfindung von zwanzig Säuren, Luftarten und Mongolfièren setzen wollten — einer Entdeckung, welche so geraden Weges auf die weise Haushaltung Gottes führt, — da, indem auf der einen Seite des Erdbodens Tausende durch Krieg und Pest als Schlachtopfer fallen, auf der andern Seite eben so viele dem Tode durch Einimpfung der Kuhpocken wieder entrissen werden." Die etwas ungeschickte Fassung dieses Gutachtens verhöhnt Ehrmann in folgender Weise: „Es scheint, dass die Physici die Entdeckung der Kuhpocken mit dem Strohfeuer der Montgolfièren in einiger Aehnlichkeit fanden. Das zweite ist ebensoviel gesagt, als dass man Tausende durch die Kuhpocken erhielte, damit sie im Krieg oder durch die Pest umkommen könnten. Wie übrigens die Physici durch die Kuhpocken die Schlachtopfer des Todes durch Krieg und Pest dem Tode wieder entreissen wollen, ist auffallender, als die Impfung selbst, wenn sie Stich hält."

Die Hauptbeförderer der Impfung waren S. Th. Sömmerring und G. Ph. Lehr (1756 — 1807), welche unter

Controle von fast sämmtlichen Frankfurter Aerzten 14 Kinder, bei denen die Kuhpocken einige Monate vorher eingeimpft und normal verlaufen waren, zum zweiten Male mit Menschenpockengift impften, und das Fehlschlagen dieser zweiten Impfung durch diese Collegen constatiren liessen. Sie gaben darüber 1801 bei Guilhauman eine Schrift heraus: „Prüfung der Schutz- und Kuhblattern durch Gegenimpfung mit Kinderblattern." Nun machte Ehrmann in der Neuwieder Zeitung einige angeblich ungünstig verlaufene Fälle von Blatternimpfung bekannt, welche von Lehr und Sömmerring in den Frankfurter Zeitungen berichtigt wurden. Diess veranlasste eine sehr gereizte Erwiederung Ehrmann's „gegen die Brutalimpfmeister" in den obenerwähnten Heften: „Ueber den Kuhpockenschwindel."

Eine Hinweisung auf Ehrmann's drastischen Bericht über das Rochusspital in meiner „Geschichte der Heilkunde und der verwandten Wissenschaften in der Stadt Frankfurt a. M." 1847, bei Kessler (zu beziehen durch den Verleger dieser Schrift) Seite 146 mag die medicinische Würdigung Ehrmann's beschliessen.

Wie K. Caesar Leonhard in seiner Lebensbeschreibung (Stuttgart 1854. I.) mittheilt, stiftete Ehrmann mit Fr. Christian Matthiä (geb. 1763 in Göttingen, von 1803 bis zu seinem 1822 erfolgten Tode Gymnasialdirector in Frankfurt) 1809 den „Orden der verrückten Hofräthe". Zufällige, unschuldige, vom Zaun gebrochene Gründe, oft höchst lächerliche Ursachen befähigten zur Mitgliedschaft, irgend eine Eigenthümlichkeit aus dem Leben, Thun und Treiben achtbarer und hochverdienter Männer reichte zur Ernennung hin. Von der Mitwelt nicht erkannte Verdienste, Launen, Vorurtheile, Leidenschaften, Irrthümer und Ungereimtheiten konnten plötzlich die Uebersendung des sauber gedruckten, am 1. April ausgefertigen Diploms mit der Unterschrift: Timander (Ehrmann) veranlassen. Die Ernennungsbriefe drückten möglichst im Lapidarstyl, meist auf sehr treffende Weise, die bewegenden Ursachen stattgefundener Wahlen aus, bald in Anspielungen, bald mit dürren Worten. So erhielt Creuzer ob pocula mystica, Jean Paul ob iram et studium, Sulpice Boisserée ob architectonice mensuratam in crepusculo turrem cathedralis Argentinensis, Chladni ob aërolithotomiam, Iffland ob cocardam, Goethe ob orientalismum occidentalem (westöstlicher Divan) sein Diplom. Bis 1820 waren 700 Diplome ausgegeben, dann unterblieb der eigenthümliche Verkehr.

Weitere Kunde über den merkwürdigen Mann mögen die von ihm verfassten nachstehenden Schriftchen geben, deren erstes im Druck erschienen, jedoch sehr selten ist, während das zweite hier zum erstenmale gedruckt wird.

1.

Des verstorbenen Wundarztes

H. W. D.

zu Frankfurt am Main

geheime Instruction

für

seine Collegen

bei

Leichen, Leichenöffnungen, Sterbfällen, besonders für die, die vor dem Himmelwagen das Kreuz tragen.

Herausgegeben

von B. W. von N. a. d. H.

Im Jahr 1799.

Die ersten Spuren des Handelsgeistes der Juden finden wir bei dem Linsengericht.
I. Mos. 25. v. 31.

I.

Das Kreuztragen, eine löbliche Handlung, liefert dem Corpus Chirurgicum die Nutzanwendung der Lehre Christi wenn er sagt: Ein Jeder lade sein Kreuz auf sich und folge mir nach. — Ueberhaupt ist ein hiesiger Leichenzug ein Sinnbild und Vorspiel der ewigen Seligkeit, denn der Himmel folgt auf den Kreuzträger, den Repräsentanten eines Leithammels oder Wegweisers der übrigen Schaafe.

II.

Da die Einrichtung von unsern Vorfahren weislich getroffen worden, dass ehe und bevor der Leichenzug beginnt, eine treffliche Collation statthaben soll — so kann und soll sich mein College, der zum Kreuztragen bestimmt ist, zwei Stunden vorher in der Kutsche abholen lassen, um sich gütlich zu thun und seine Kräfte zu dem hohen Werk zu stärken — doch soll er vorher strenge prüfen, wie viel er des gewöhnlich-starken alten Weins vertragen kann, damit das Kreuz nicht das Uebergewicht erhält, und er durch einen despectirlichen Nachfall den Ehrenzug zu lange aufhalten, oder gar einen Layen an seinen Platz zu stellen nothgedrungen wird.

III.

Da jedesmal Flohr und Handschuh im Sterbhause dem Kreuzträger neu abgeliefert werden, so kann der College sich mit dem Lieferanten abfinden, der ihm durch den festgesetzten Rabatt baares Geld dafür in seine Behausung liefert.

Mir haben 10 Jahre die **nemlichen** Handschuh und der **nemliche** Flohr gedient, weil ich sie sauber hielt. — Da der Kreuzträger keine **Citronen** in der Hand zur Schau tragen kann, so steckt er sie in die **Rocktasche**, weil sie in der Küche dennoch brauchbar sind.

IV.

Witzlinge und Spötter haben uns den Vorwurf machen wollen, als wäre das Tragen keine Beschäftigung für uns, weil man durch diese Handlung eine schwere und zitternde Hand erhielte. Sie erhalten dadurch, meine Herren, eine **leichte** Hand (so wie ein Mensch, der lange Zeit schwere Stiefel getragen, in Schuhen leichter davon läuft) und eine **feste** Hand, wie sie bei grausamen Operationen erforderlich ist. — Sehr viele unter Ihnen kommen jedoch nie in den Fall, welche zu machen.

V.

Als eine einträgliche Sitte ist anzusehen und beizubehalten, nach dem Leben den Verblichenen zu **rasiren**, damit er stattlich und freundlich auf dem Paradebette oder wie gewöhnlich vor dem Wegschleppen, im Sarg zur Schau aufgestellt werden kann. — Dieses Geschäft lasse man absichtlich durch den Gesellen für die Hälfte des Geschenks (welches gemeiniglich in einem Ducaten besteht) bewerkstelligen; dabei wird dem Gesellen aufgetragen, es mit einem abgenutzten Messer (denn der Todte beklagt sich nicht) zu verrichten, und das **Messer** neben den Rasirten zu Jedermanns Gesicht zu legen, damit sie einsehen, kein Lebendiger wird in Zukunft mit diesem nunmehro unreinen Messer gepeiniget werden.

Sollte ein Collège eine **Frau** heimlich zum Rasiren in Kundschaft gehabt haben, so soll er solches nach ihrem Absterben selbst verrichten, sich die Arbeit und das Geheimniss von der Familie doppelt bezahlen lassen, das Messer aber wieder zu sich nehmen, damit kein Verdacht eines im

Leben gehabten Barts zur Schande der Verbliebenen auf die Nachwelt komme.

VI.

Das Corpus Chirurgicum hat besonders darauf zu sehen, dass, wenn sich ein Bucklichter, stark Hinkender, oder auch nur durch ein auffallendes Angesicht, z. B. übelgeheilte Hasenscharte, schlechte oder gar keine Nase, Geschwüre etc. ausgezeichneter, unter ihnen befände, ein solcher nicht zum Spott der Gassenjungen das Kreuz tragen, sondern diese Ehre um die Hälfte des Betrags einem Wohlgestaltetern überlassen soll. Schwächliche mögen mit ihren Collegen eins werden, denn man muss Niemand mehr aufladen, als man tragen kann.

Sollte einer als Haus-Chirurg des Verstorbenen unter uns am Podagra oder Chiragra leiden, so soll er selbst sich einen Collegen wählen, und brüderlich mit ihm um den Trägerlohn übereinkommen.

VII.

Da es Sitte ist, dass wir die Aerzte in Corpore zu Grabe begleiten, — so bleibt dem zeitigen Senior das Kreuztragen, ob er gleich nicht Haus-Chirurg war, unbenommen, und er erhält durch den Geld austheilenden Leichenbitter das Papier, das mit zwei Kreuzen bezeichnet ist, weil es nach Anordnung das Doppelte der übrigen Leichengänger enthält. — Sollte aber einer unserer Collegen selbst fortgetragen werden, so sollen die Collegen vorher der Wittwe inventiren, ob ihr die Bezahlung schwer fällt, sollte dieses der Fall sein, so sollen sich Alle ein Vergnügen daraus machen, den selig Verstorbenen franco zu spediren, nam Clericus Clericum non decimat.

VIII.

Den Unerfahrenen zu Liebe setze ich bei dem Kreuztragen folgende praktische Cautelen bei:

Den Leib rückwärts gebogen, die Stange des Kreuzes zwei Zoll vor die Hutspitze — beide Ellenbogen fest an den Leib gedrückt, die rechte Hand unter das Kinn, die linke gegen den Nabel gekehrt, das Ende der Stange einen halben Werkschuh von der Erde, die Augen auf den Weg und nicht nach den Vorübergehenden gerichtet, einen stattlichen, steten, nicht allzuweiten Schritt, und so in Gottes Namen vorwärts — alle 600 Schritte ist es schicklich und erlaubt auszuruhen, auch nach Bedürfniss eine Prise Tobak zu nehmen, dem, der mit einer Hand dieses bewirken kann, denn das ihm anvertraute Kreuz aus den Händen zu lassen ist schimpflich.

IX.

Bei dem Glatteis soll sich der Collcge Salbandschuhe oder Eissporn an die Füsse legen, damit er nicht mit dem Kreuz hinfalle, und obendrein, was er daran zerbrechen möchte, zum Schaden seines Beutels flicken und leimen lassen muss.

X.

Dem Kreuztragenden liegt auch ob, im Sterbehause, je nachdem bezahlt wird, eine kurze oder lange Standrede zu halten, diese darf nicht dumm und nicht gemein sein, damit er beweise, dass wir sämmtlich Ansprüche auf Gelehrsamkeit haben. Ich setze hier ein Modell bei, welches mutatis mutandis die Hauptsachen enthält.

Wittwe — Kinder — Erben (nach Umständen) Hochgeneigteste (ist das gewöhnliche Titular für Jedermann).

Da es dem Schöpfer Himmels und der Erden gefallen hat, den (oder die) Vorstorbenen aus diesem Jammerthal in den Himmels-Saal gnädigst abzurufen, so erfülle ich hiermit die traurige Pflicht, seinem Leichnam in das kühle Grab den Weg zu weisen — ich werde ihn nicht wieder zurückbringen, darauf verlassen Sie sich, damit er der himmlischen Freude theilhaftig werde. Die Thräne ist der

Tribut, den wir der Natur schuldig bleiben, die gönne ich Ihnen vorzüglich — denn viele Personen weinen sehr schön und erhaben — ich wünsche, dass alle leidige Vorfälle dieser Art gänzlich aus Ihrer Familie ausgerottet werden möchten, und dass dieser der letzte dieser Art sein möchte — ich für meine Person empfehle mich Ihnen grossgünstigst bei allen Vorfallenheiten im Glück und Unglück, und habe die Ehre, hochachtungsvoll zu verharren. Zeitlebens Ihr treu eifrigster Diener und Chirurg.

XI.

Für unerfahrene junge Leute setze ich folgende Verhaltungsregeln bei vorfallenden Sectionen auf.

1. Wenn Sie selbst keine sauberen Instrumente besitzen, so wird Ihnen der Senior die Etuis des Corpus gerne verabfolgen lassen, denn mit Pflaster-Scheeren und rostigen Messern zu arbeiten, macht einen schlechten Eindruck von unserm erhabenen Handwerk.

2. Der Unterleib muss nach der Kunst mit vier zurückgeworfenen Lappen ins Kreuz geschnitten werden, so dass der Nabel den Mittelpunkt abgibt, damit es nicht den Anschein gewinne, als schnitte man eine Sau auf.

3. Wenn das Netz zierlich weggerissen worden, so schweige man still und überlasse es dem Arzt, wie er die sichtbaren Theile zu nennen beliebt, damit, wenn er das Milz für die Nieren hält, die Unrichtigkeit in seine Schuhe fällt. Ueberhaupt befindet sich gar vielerlei im Wanst, wo jedes seinen besondern Namen hat.

4. Wird ausgeweidet, so unterbinde man den Mastdarm unten inwendig, und den Magenmund oben, alsdann kann keine Brühe herauslaufen, und die Operation geschieht säuberlich.

5. Soll die Brust geöffnet werden, so schneidet man den Knorpel durch, nachdem vorher die Haut abgezogen

worden, man spürt leicht, was **Knorpel** ist, denn die Rippen-Beine lassen sich nicht gut schneiden.

Hier liegt nichts, wie **Herz** und **Lunge**, hier darf der Chirurg ein Wort zu seiner Zeit wagen, weil er sich hier nicht leicht betrügen kann.

6. Manchmal wird auch der Schädel geöffnet, um zu sehen, ob der selig Verstorbene **Hirn** gehabt, der Schädel wird nicht wie ein Scheit Holz durch, sondern nur rundum das beinigte abgesägt, da das Gehirn zur Anatomia subtiliore gehört, so bleibt es gemeiniglich unverschnitten in seiner Lage ohne weitere Untersuchung, genug, dass man gefunden hat, der selig Verstorbene hatte ein Hirn.

7. An einem Todten findet sich nichts leichter, als die Ursache des Todes, weil er sonst nicht gestorben wäre — in Fällen, wo die Leichenöffnung gedruckt oder geschrieben verschickt wird, macht es dem Chirurg Ehre, seinen Namen orthographisch und **leserlich** unter des Arztes Handschrift zu unterzeichnen, nur verbitte ich mir Gregorius statt Chirurgus.

8. Die Eingeweide werden in ein Fässchen, das verpicht ist, geworfen. — Das **Zumachen** ist keines Chirurgs, sondern des Hausbenders Sache. Hingegen muss er Sorge tragen, dass der Unterleib mit Heu ausgestopft und säuberlich zugenähet werde; wohl ausgestopft versteht sich, damit das Cadaver nicht beim Ausstellen wie ein Häringsdarm aussieht.

9. Das Reinmachen des Tischs, worauf die Section geschehen, und Aufwischen des Bluts oder sonstigen Juxes überlässt er seinen Gesellen, denn der Herr muss keine Waschfrauendienste verrichten; dieses ist gegen seinen Charakter.

10. Ehe er nach Hause geht, mag er den Hinterlassenen noch ans Herz legen, dass die nun gesehenen Umstände sicherlich aller Cur gespottet hätten, weil die Leichen-

Öffnung dieses urkundlich beweiset — mag ihnen auch zum Trost zurücklassen, dass durch die Section für den Scheintod gesorgt sei, und man in der Geschichte kein Beispiel habe, dass nach einer solchen Leichenbehandlung je ein Mensch lebendig begraben worden.

11. Die Instrumente auf seine Kosten wieder geschliffen und polirt an den Senior abliefern, den Schleiferlohn der Familie aber nicht besonders anrechnen, weil dieses zu bettelhaft steht.

12. Bei dem Einschieben des Sargs Sorge zu tragen, dass das Fässchen mit den Eingeweiden in den Karrn gelegt werde, damit es nicht stehen bleibe (weil bei Handelsleuten leicht der Fall geschehen könnte, dass ein solches als ein Häringsfässchen unwissender Weise an Freunde spedirt würde).

13 Wenn, wie sehr oft geschieht, dem Kranken einige Tage vor dem Ende, manchesmal auch dem wirklich Sterbenden Vesicatoria gelegt werden, selbige aber nicht gezogen haben, sondern in ihrer Substanz unverändert geblieben sind, so kann man solche mit gutem Gewissen zum zweitenmale anderswo bei armen Leuten brauchen, von denen man wenig genug erhält, und auch hauptsächlich damit nichts umkomme, was noch nützlich sein kann; überhaupt müssen die Füsse bei den Todten glatt scheinen, denn es steht nicht schön, wenn etwas holperichtes unter den Strümpfen hervorragt.

14. Viele Personen hinterlassen testamentlich, dass man ihnen nach ihrem Ableben die Pulsader entzwei schneiden möchte, damit sie nicht lebendig in die Grube fahren — da rathe ich die Arteriam Aortam durchzuschneiden, weil sie die grösste sein soll — man sticht in diesem Falle mit der Lanzette in die Brust, zwischen der dritten und vierten Rippe, da liegt sie.

15. Bei Auszehrenden, Schwindsüchtigen, werden nach ihrem Heimgehen dem Chirurg sehr oft die Betten um

ein geringes Geld, oder gar für seine Bezahlung angeboten, weil die Ansteckung darinnen heimen soll — diese soll mein Colleg bei Leibe nicht annehmen, weil die meisten in ihren Häusern Messfremde logiren, und diese glauben möchten, man lege ihnen dergleichen Betten unter. Nicht einmal für Soldaten, als einquartirte soll man sie brauchen, denn vorsätzlicher Weise, des blossen Gewinnstes halber, einem eine Krankheit in den Leib jagen, ist eine grosse und garstige Sünde.

16. Wenn eine todte Person schöne Haare hat, so mag man sie wohl armen Leuten abhandeln, aber reiche Leute müssen mit allem was sie auf dem Leibe haben begraben werden; ehedessen hat man ihnen sogar Demantringe angesteckt.

Mich haben einmal die schönen langen Haare eines blonden Mädchens gedauert, dass die faulen sollten; ich habe dieses ihre Mutter merken lassen und habe die Kundschaft der ganzen Familie durch diese Ergiessung meines Herzens verloren. Arrige Aures!

17. Bei Abortus, Missfälligen genannt, ist hie und da etwas zu verdienen; man sagt den Leuten, man werde für das Begraben sorgen, lässt sich die Schachtel und das Grab bezahlen, steckt den Foetus in Brandwein und verhandelt ihn selbst an junge Aerzte, die leicht damit prahlen können, sie hätten das Kind mit der Zange unter schrecklicher Anstrengung aus Mutterleib glücklich accouchirt.

18. Ungebrauchte, zurückgebliebene Arzneien, besonders wenn von den Aerzten tapfer verschrieben worden, kann man an sich ziehen, unter dem Vorwand, der Plunder wird ohnehin weggeworfen, und kann noch für Arme gebraucht werden; ich habe mir manche stattliche Cur, ohne zu wissen, woraus die Arznei bestand, dadurch erfochten und stattlich bezahlen lassen. Desswegen muss man auch dem Arzt nicht sagen, dass

der Kranke nicht mehr schlucken kann — sondern seine Recepte dem Apotheker nicht missgönnen.

Fügt es sich, dass mit der Hausklistierspritze der Kranke kurz vor seinem Ende gelabt werden soll, so scheut sich jeder, dieselbe ferner zu gebrauchen.

Ich habe mir sie gemeiniglich ausgebeten, und auf diese Art während meiner 20jährigen Praxis 530 Pfund Zinn verkauft und noch mein ganzes Küchengeschirr dabei eingetauscht.

19. Für Hunde, Pferde, Papagayen, Katzen, soll und darf der Hauschirurg ohne Anstand sorgen, weil viele Leute mehr Liebe für sie, wie für ihre eignen Kinder hegen.

— Tritt aber ein Sterbefall ein, dann gebe er sich nicht mehr damit ab, es ist gegen seinen Stand, und dem Nachrichter überlassen.

Ne Sutor ultra Crepidam.

Und hiemit schliesse ich diesen meinen wohlgemeinten Unterricht, ich verberge diese Worte und versiegle diese Schrift, bis auf meinen Tod, alsdenn werden Viele darüber kommen und grossen Verstand finden.

2.

Moyen de Parvenir.*)

Wie man zu dem Ruf eines Wundermanns und Hexenmeisters gelangen kann.

Mein erster Wohnplatz in Frankfurt mit Frau und zweien Kindern war unter der Katharinen-Pforte im 2ten Stock bei den Handelsleuten Gebrüder Scheidel. —

Mein ältester Junge Christian erhielt von meiner Schwiegermutter aus einem Puppenschrank silberne Spiel-

---

*) Bisher ungedruckt.

sachen, Teller, Schüsseln u. s. w., mit welchen er auf dem Vorplatze meines Logies in einem Kinderstule sizzend zu spielen gewohnt war. — Mein Weib fand in kurzer Zeit die Anzahl etwas gemindert, auch fehlten einige Windeln — der natürliche Gedanke leitete uns auf Diebstahl — aber durch wen? Weil das **vermisste** nach und nach geschah und entdeckt wurde, so wähnten wir einen Hausdieb. — Unsere Köchin, eine pfiffiche Jägers-Tochter legte sich auf Späh und Kunde; es war ihr äusserst daran gelegen, den Argwohn, unter der Decke zu stecken, von ihr abzuwälzen. — Sie lauschte die Zeit ab, in welcher Scheidels Köchin auf den Markt ging — öffnete in ihrem offenstehenden Schlafgemach ihre **Kiste** und da sie nichts Verdächtiges darin fand, untersuchte sie ihr **Bette**, wurde eines schwarzen Fadens im Strohsack gewahr — sie zog den Faden heraus, wühlte im Stroh, wo sich so gleich Windeln mit E gezeichnet zu Tage förderten. Mit einem Sprunge die Treppe herunter, rief sie mich zu ihrer Entdeckung und erzählte mir, wie sie mittelst des **schwarzen Fadens** auf die Spur gekommen seye — ich befahl ihr so gleich den **Faden** mittelst einer **Nadel** wieder einzureihen. Meines Fangs gewiss besuchte ich die Herren **Scheidel**, bedauerte mich in einer kizlichen Sache an sie wenden zu müssen — schon lange Zeit würde ich bestohlen ich besäse einen **Erdspiegel**, welcher mich, wenn das Gestohlene noch nicht über **das Wasser** getragen oder geschickt wäre, die **Diebin** leicht sehen liesse — laut dieses Experiments wäre niemand anders als ihre **Haushälterin** sichtbar. Jetzt entstand **Feuer** in allen Ecken, die Hausherrn und die Diebin begehrten Satisfaction und ich Untersuchung ihrer Kleiderkiste, welches so gleich bewilligt wurde. — Die Kiste wurde in ihrer Gegenwart geöffnet, von mir zum Schein Stück für Stück untersucht. — Nachdem die Hausherrn mir grobe Worte über meine Anschuldigung zufliessen liessen, drang ich auf Untersuchung ihres Bettes — bat die Magd, den schwarzen

Faden am Strohsacke heraus zu ziehen — es geschah und im nemlichen Moment fiel vor uns die Magd auf die Knie, weinte und schluchzte die Worte **ich bin schuldig und habe mich selbst verrathen.** Nun veränderte sich die Scene, die Magd und die groben Hausherrn wurden verplüfft, wollten die Diebin prügeln und so gleich aus dem Hause jagen, welches ich mir verbat. „Sie behalten die Magd zu ihrer Busse, ich werde alle meine Thüren und Commoden offen stehen lassen, weil ich jetzt zuversichtlich weiss, dass ich nie mehr in ihrem Hause bestohlen werden kann." —

Ich erhielt alles bis auf die geringste Kleinigkeit wieder, dessen mein Junge herzlich froh war.

Während dem Tumult eine Treppe hoch besuchte mich die Collegen-Frau im Pik'ischen Colleg auf dem Leonhardi-Kirchhof nahmens **Portin** — Sie fragte meine Köchin was der Lärmen bedeute? Die Köchin antwortete — wir sind lange schon bestohlen worden — aber mein Herr besitzt die geheime Kunst, mittelst eines **Erdspiegels alles verlorene wieder zu bringen,** der Beweis davon ist die Diebin, die Scheidel'sche Magd, welche so eben alles gestanden hat.

Es geschah, dass ich nach einigen Tagen nach vier Uhr Nachmittags in das Colleg ging, bei meinem Eintritt in dasselbe näherte sich mir Frau **Portin** mit der Bitte — sie wüsste, dass ich die geheime Kunst verstünde alles Gestohlene wieder zu bringen — unten wohnt die Frau **Hofmann** geborne **Bär,** dieser sind zwei silberne Vorleglöffel gestohlen worden, helfen Sie ihr doch wieder zu dem entwendeten. „Ei, ist Sie toll? ich verstehe nichts von allem dem Schnickschnack." Jedoch ich entfernte mich, um das Lokal der Küche zu untersuchen, wo ich die Magd antraf, welche mir das Unglück erzählte. Niemand ist in meine Küche gekommen, als der **Peruckenmacher Junge,** welcher als ein liederlicher Kumpan berüchtigt ist. Ich zog mich wieder stille in die Collegenstube zurück mit dem Gedanken, wie kommst du hinter den Diebstahl? Den folgenden Tag nachdem ich vermuthete, es seye niemand anders wie derselbe der Dieb, schrieb ich auf schwarz Papier, oben einige magische Character, an den Jungen: „Ich weiss, dass Du ein Dieb bist, hast der Frau Hofmann zwei silberne Löffel aus der Küche entwendet, wenn Du solche in Zeit von 24 Stunden nicht wieder an Ort und Stelle lieferst, so werden Dich Leibesplagen treffen, welche Dir am Ende den Tod zuziehen müssen — folge meinem Rath, da es noch Zeit ist." Ich postirte mich an das Thor zum goldnen Löwen in der Fahrgasse um 12 Uhr mittags, gab Acht ob der Junge satt gegessen hatte, darauf gab ich einem da haltenden Schubkärcher drei Batzen mit dem Auftrag, den Brief dem Jungen abzuliefern. Es geschah — ich konnte deutlich in die Wohnstube sehen und wusste, dass Gewissensbisse besser auf den vollen wie auf den nüchternen Magen wirkend erscheinen.

Der Vater des Jungens war ein französischer Sprach- und Schreibmeister, ein rechtlicher Mann; zu diesem lief in seiner Herzensangst der Junge — beichtete ihm, er hätte gestohlen und den Diebstahl dem Juden Schuster verkauft. Der Vater suchte den Juden auf mit der Drohung, ihn vor der Polizei zu belangen. Der Jude gab die Löffel heraus und die Frau Hofmann erhielt sie wieder. Durch diese Rückgabe wurde die Frau Portin noch mehr in der Meinung bestärkt, ich hätte die Macht, das Gestohlene wieder zu bringen, weil sie mich darum gebeten hatte.

Ueber dem Leonhardi-Stadtthor wohnte ein alter Visirer — zur Reparirung der Gebäulichkeiten wurden Zimmerleute und Dachdecker beordert. Die Magd des Visirs stellte ihre Schuhe mit silbernen Schnallen oben auf die Treppe — sie wurden gestohlen. — Sie eröffnete meiner Magd, dass ausser den Arbeitsleuten niemand in ihr Haus gekommen — sie bäte mich, durch die Portin in Kenntniss gesetzt, ich möchte ihr das Gestohlene wieder herbeischaffen — worauf ich zankend keine weitere Antwort ertheilte.

Ich konnte des Gedankens nicht los werden ein **Steindockerjunge**, der täglich sein Leben aufs Spiel setzen müsse, seye zu einem Diebstahl geneigter, wie ein Zimmermann, der immer den Maasstab zum Bauen wie seiner Moralität gemäss in Händen habe. — Ich hatte ausgekundschaftet, dass der Steindeckermeister in der rothen Kreuzgasse wohne, dessen Haus ich im Vorbeigehen sogleich merkte. An dem einen Thürpfosten war ein Stückchen Leiter angenagelt, die Thüre war schwarz angestrichen und auf der rechten Seite hing eine Oellaterne. Sogleich machte ich Anstalt, einen Schuh aus Filz auszuschneiden, so wie ihn gemeiniglich die Schustermeister an ihre Fenster zu kleben pflegen, an dem Schuh schnitt ich die **Schnallen** aus zu Tage. Bei dem Nachhausegehen aus dem Klubb im rothen Hof weilte ich an der Steindeckerstbür, es war dunkel und die Laterne brannte; die eine Seite des Filzes hatte ich mit weisser Kreide eingeschmiert, drückte mein Modell an die schwarze Thüre und schrieb darunter mit Kreide deutlich: „Du wirst sie wohl wiederbringen? oder —" Morgens in aller Frühe schellte es an des Visirs Hausthür — **beide Schuhe mit den Schnallen** wurden hineingeworfen, ich war also nicht irre, den Dieb errathen zu haben. —

Die meisten Menschen nehmen die **Wirkung** für die **Ursache**.

Es geschah, dass ich einen **Korb** voll Schlüssel auf dem Baugraben bei einem Juden erblickte, die Menge aller Gattung fiel mir auf, ich fragte den Eisenhändler: wo hast Du die vielen Schlüssel her? er antwortete mir darauf: ich habe dafür getanzt. — Einst gieng ich im Corridor des Gasthauses zum englischen Hof, bemerkte dass ein Junge, der mit Aschensammeln sich nährte, einen Schlüssel an dem Ofenlochthürchen abzog und zu sich steckte — zufällig fand ich den Criminalrath **Siegler**, diesen machte ich auf den

Schlüsseldieb aufmerksam — er liess ihn von der Hauptwache aus durch Polizeidiener sogleich auf den Römer führen; nach Untersuchung seiner Kleider fanden sich in den Taschen neun Schlüssel, alle dem Wirth im englischen Hof gehörig. Der Eisenjude hatte dem Jungen bereits zwei und einen halben Centner lauter Schlüssel abgekauft und sie wieder an Schlosser verkauft — beide, der Junge und der Jude, kamen in gefängliche Haft. — Ohne einen gewissen Doctor, von dem man weiss, d a s s er alles Gestohlene wiederbringen kann, sagte der Junge, würde ich nie ertappt worden sein. — So weit hätte ich es durch meine Possen nie gebracht, wenn ich nicht allgemein als im Ruf Verlornes wieder zu bringen bekannt gewesen wäre. — Messzeiten war Markt vor meiner Wohnung in der Münzgasse. — Es schellte! meine Ehefrau öffnete die Thüre, ein Bauernweib bat sie weinend sie möchte bei ihrem Gemahl ein gutes Wort einlegen — sie hätte erfahren, dass ich das Gestohlene wieder bringen könnte, nun möchte ich ihr wieder zu zwei ihr gestohlenen Gänsen verhelfen; sie jagte sie fort und sagte ihr, man hätte sie in den April geschickt.

In diesem natürlichen Gang der Dinge liegt die Basis zu allem Wunderbaren. — Gegen meinem Haus über bei dem Peruquier May hausete eine schöne Wittwe, deren Mann in den Flitterwochen starb, ich sah sie nie an, grüsste sie nie, weil ich in Aengsten glaubte, sie möchte von meinen Wunderthaten etwas erfahren, und mich bitten, ihr etwas Verlorenes wieder herbei zu schaffen — was ich für unmöglich hielt.

E.

II.

Praes. den 26. October 1786.*)
Ad Venerandum Consistorium ex decret. d. 12. October c. a. pflichtmässiger Bericht und Gutachten derzeitiger Physicorum, des Juden Götz Herz Amschels Unvermögen zur fleischlichen Vermischung betreffend von dem 24. October 1786. (Frankfurt am Mayn).

Hochwürdiges Consistorium.

Es war den 23. Nachmittags gegen 4 und den 24. dieses, morgens nach 8 Uhr, als Endesunterzeichnete, auf Hochdero Befehl, zufolge des ergangenen hochverehrlichen Decrets von dem 12. Octbr. den Juden Götz Herz Amschel, welcher gegenwärtig 25 Jahre alt ist, in der Behausung des Physici Senioris in der Absicht besichtigten, um zu berichten, ob derselbe zur fleischlichen Vermischung tüchtig oder untüchtig sei; ferner ob solcher einen übelriechenden unnatürlichen Schweiss an sich habe, und sodann, wenn dieses wäre, ob die Impotenz und der erwähnte Schweiss durch dienliche Mittel nicht zu heben seyen? Diesem hochgeneigten Auftrage zu gehorsamster Folge übergeben wir folgendes, als das Resultat unserer Bemerkungen mit dem hierauf beruhenden Gutachten und zugleich dessen Entscheidungsgründe. Was diesemnach ersteres, als dessen angebliche Impotenz betrifft, so wollen wir fordersamst die Beschaffenheit der Zeugungstheile dieses Juden, als Instrumenten sine quibus non, Einem hochwürdigen Consistorio vortragen, und zugleich unsere hierauf gegründeten Schlüsse

---

*) Verfasser des obigen, hier zum ersten Male gedruckten Gutachtens war wahrscheinlich Dr. Pettmann, 1726—1790, phys. prim. 1781, von dessen grobkörnigem Style ich schon in meiner Geschichte der Medizin in Frankfurt a. M., 1847 S. 80, 81 eine Probe mitgetheilt habe. Die Personalien der andern Unterzeichner sind: J. A. Behrends, 1740—1811, phys. prim. 1790. J. F. W. Diets, 1735—1805, Stadtaccoucheur 1772—1804, gst. als Brönner'scher Pfründner, und J. C. Altenfelder, Dr. med. 1772, phys. prim. 1811—17 † 1822. Str.

zu übergeben die Ehre haben. Dieser Amschel hatte einen zween Zoll grossen penem oder vielmehr penicillum, der ohnsichtbar und eingeschrumpft dahieng und mit der ohnbedeckten Eichel ohne Vorhaut kaum durch die umgebende schwarzen Schaam-Haare hervorguckte. Sein Hodensack ist ein kleiner, schlaffer, herabhangender Beutel, worinnen zween kleine ohnbedeutende Klösse oder Testikel sich befinden. Der Jude bemühte sich damals mit unserer Zulassung und nach Anweisung der gerichtlichen Arzneigelahrtheit — Eheu dictu! — sich erectionem penicilli zu verschaffen, aber alle Mühe war vergebens. Hierauf entkleidete er sich bis auf den blossen Leib und sogleich nahmen wir unter den Armen Schweiss und überhaupt einen unangenehmen Geruch wahr.

Ein hochwürdiges Consistorium wird durch die Beschaffenheit der Geburtstheile, ohne unser Erinnern, von selbsten einsehen, dass des Amschels Impotenz höchst wahrscheinlich, ja so gut wie gewiss sey. Denn ohne Erection ist bekanntlich keine Immissio penis in vaginam, und folglich keine Emissio seminis in uterum möglich. Und die kleinen, schlaffen, eingeschrumpften Zeugungswerkzeuge lassen nicht vermuthen, dass der Amschel zu anderer Zeit ein besserer Venus-Held seyn werde. Ohnerachtet aber dieser Beschnittene uns versichert, ja bei der grossen Thora schweren will, dass er alle zween Tage hure, so glauben wir solches dennoch nicht. Und ohnerachtet er sich rühmet, viele Hurenkinder bereits in der Welt zu haben — wovon er aber keinem nichts zu essen gebe!! — so halten wir dieses nur vor Grossprecherey, und vor sichere Beweise seines abscheulichen moralischen und zur vernünftigen Ehe ganz unschicklichen Charakters. Ueberhaupt ist dieser Bursche ein ohnerträglicher und verabscheuungswürdiger jüdischer Illuminat! Was übrigens dessen üblen Geruch anbelangt, so hat dieser hinckende Ehemann solchen ohne Zweifel mit den hiesigen Kindern Israels gemein, und der häufige

Genuss von Zwiebeln, Knoblauch, mit dem Jud im ganzen, wird ohne Zweifel die Ursache davon seyn.

Da man nun des Amschels Zeugungstheile ohnmöglich umschaffen, was zu klein ist nicht gross, was schlaff, eingeschrumpft, welck und tod ist, nicht aufstehend und lebend machen kann, so findet auch dahero in diesem Falle keine Hülffe statt. Es ist deswegen auch gleichgültig, ob der Amschel wohl riechet oder stinket, denn hier kommt es hauptsächlich auf dessen Ehestands-Unvermögen an, welches nothwendiger Weise so lange bleiben, als die widernatürliche Beschaffenheit seiner Zeugungswerkzeuge dauern wird.

Wir verharren in grösster Veneration
    Eines hochwürdigen Consistorii gehorsamste
P. B. Pettmann, Dr. u. phys. primarius.
J. A. Behrends, M. Dr. u. phys. ord.
J. F. W. Dietz, M. Dr. u. phys. ord.
J. C. Altenfelder, M. Dr. u. phys. extraord.

III.

Pockenpoesie.*)

Zur Ehre von Kopf und Herz der Schriftsteller, welche nicht etwa die Blatternimpfung als eine unsichere Maassregel, sondern welche sie als die Quelle alles Siechthums und einer wirklichen Entartung der Menschennatur bezeichnen, muss man annehmen, dass ihnen selbst nicht die entsetzlichen Niederlagen bekannt seien, welche vor Jenner's wohlthätiger Entdeckung die Blatternepidemien im Leben und der Gesundheit der Völker anrichteten, und der Schrecken, der vor ihnen her ging.

Einen Begriff davon bekommt man weniger durch die runden Summen von Sterbfällen, welche ein Schriftsteller dem andern nachschreibt, ohne dass diesen Angaben meist

---

*) Zuerst gedruckt in Virchow's Archiv XXII. 394.

eine zuverlässige statistische Aufzeichnung zu Grunde läge, als vielmehr, wenn man in der nichtmedicinischen Literatur häufiger als irgend einer andern Krankheit den Blattern begegnet. Es sind besonders zwei Reihen von solchen Schriften: theils Predigten und pädagogische Abhandlungen, theils poetische Werke, welche die Bewahrung vor Blattern zum Thema haben, aber so wichtig diese Schriften auch in kulturhistorischer Beziehung sind, — bisher wurde dies Thema als ein Grenzgebiet zwischen Medicin und Literaturgeschichte ziemlich vernachlässigt und die Bücher sind vergessen, welche, wenn auch werthlos im Einzelnen, doch in ihrer Gesammtheit ein lebendiges Bild von der gefürchteten Seuche geben. Wir wählen für heute den poetischen Theil dieser Literatur und beginnen mit dem Lehrgedichte eines Mannes, der selbst auf der Grenzscheide zwischen Heilkunde und Bellettristrik steht. Daniel Wilhelm Triller, philos. et med. Dr., Churfürstl. Sächs. Hofrath, der Arzneiwissenschaft erster Lehrer zu Wittenberg und der Akademie der Wissenschaften zu Bologna Mitglied, 1694—1781, war in literarischen Dingen ein getrreue Anhänger Gottsched's und schrieb gegen den Neuerer Klopstock 1751 ein satyrisches Heldengedicht der „Wurmsamen". (Gervinus, Gesch. der poet. Nationalliteratur der Deutschen, 2. Aufl. IV. 189 ff.) Seine erste poetische Lanze gegen die Inoculation brach er schon 1725 in dem Gedicht vom „Todes-Tempel", welches dem ersten Bande seiner Gedichte einverleibt ist. 1736 erwog er sie vom wissenschaftlichen Standpunkte aus in den beiden lateinischen Briefen De anthracibus et variolis veterum, und machte sich dann an das physikalisch-moralische Gedicht „Geprüfte Pockeninoculation", welches zu Frankfurt und Leipzig bei Joh. Georg Fleischer 1766 erschien und mit Vorrede und Anmerkungen 24 unpaginirte Blätter und 214 Seiten in 4^0 füllt. Sein Vorgänger in Verdammung der Inoculation war der französische Dichter Martineau de Soleire, aus dessen Poëme héroique sur la petite vérole: Les voeux de la France pour la santé du Roi, Paris 1729, Triller folgende Zeilen citirt:

Recherche qui voudra pour se rendre plus sain
Pour te fuir, le secret de t'admettre en son sein,
De frayeur qui t'appelle en soi dès son enfance,
Veut il tenter la mort, périr par prévoyance.

Mit dem Dichter Poinsinet, welcher in seiner 1756 erschienenen Inoculation die Pfropfkunst mehr vertheidigt und rühmt, als widerlegt und tadelt, wollte er nur den Titel und das Metrum gemein haben. Triller war in Medicin und Literatur eine conservative Natur; er war ebenso sehr ein Gegner der „abwechselnden Moden in der gelehrten Welt", der „besten Welt nebst den Monaden und der vorbestimmten Harmonie, der Samenthierchen, der Wälder- und Völkervermehrung, der neuen Giftmischerei, Elektricität, der Augen- und Magenbürsten*), des Theer- und Tausendblumenwassers*)", als der neuentstandenen „Hexametristenschule", welche die deutliche und natürliche Schreibart eines Opitz, Flemming, Canitz, Besser, Günther u. A. für seicht, schaal, matt und trocken erklärte. Freilich stand der wohlmeinende und gelehrte, aber etwas eitle Mann, als er das Gedicht schrieb, bereits im 72sten Lebensjahre. Der ganze Gedankengang des in Alexandrinern verfassten Gedichtes ist in der Einleitung dargelegt und so mögen wenige Proben der Verse selbst hier genügen. Gegen die Geistlichen, welche mit einigem Nothzwang ihrer biblischen Texte die Inoculation empfehlen, wendet er sich mit den Worten.

Des Priesters Pfropfkunst ist, die Tugend einzupfropfen,
Und aller Laster Quell bestmöglichst zu verstopfen:
Wofern er dieses thut, hat er sein Amt gethan;

---

*) Er begleitet diese Curmethode mit gelehrten Anmerkungen, welche schätzbares Material zu einer Geschichte der ärztlichen Charlatanerie liefern. Die Magenbürste war die Erfindung eines Engländers Ramsay, der sich 1659 auf sein Organon salutis, wie er sie nannte, ein Privilegium geben liess. Unter Eau de mille fleurs verstand man den warmen Urin einer schwarzen Kuh, der in Paris curmässig getrunken wurde.

Der Aerzte Pfropfkunst geht ihn ganz und gar nichts an.
Wenn Aerzte Geistliche zu ihrem Schutz erwählen,
So sieht man leidlich ein, dass ihnen Gründe fehlen.
Die Zeilen:
Kann das Geblüte nicht mit Harn und Stuhl entgehen,
Und mancher Zufall sonst, der tödtlich ist, entstehen?
und:
Wenn alle Pocken schlimm, dann ist zu solchen Zeiten,
Kein gutes Eyter nicht zum Pfropfen abzuleiten.
mögen zum Beispiel dienen, wie klar und deutlich nach dem Vorgang seiner poetischen Vorbilder Triller's Sprache war. Höher hob sich sein Pegasus in folgender Geschichte:
Ein schöner junger Mensch, wie der Adon geziert
Ward in der kleinen Welt, Paris, inoculirt,
Aus Furcht, nicht von Natur die Blattern zu bekommen;
Vom besten Eyter ward das Pfropfreiss hergenommen:
Allein, es kamen doch die besten Pocken nicht.
Kurz, er verlor betrübt sein schönes Angesicht,
Dass er die Welt verliess und stille Kloster-Mauern
Zum Aufenthalt gesucht, sein Unglück zu betrauern.
Ein weiteres Bedenken erhebt der Dichter in den Versen:
Kann sich nicht Wasser, Stein, Schwulst und Verhär-
tung finden,
Ist nicht sein Blut geneigt, sich heftig zu entzünden?
Sitzt im Gedärme nicht vielleicht ein Würmernest,
Das nach dem Pfropfen sich zuerst bemerken lässt
Kann nicht ein Polypus in Herz und Lungen liegen?
Kann auch der äussre Schein nicht überhaupt betrügen,
Dass ihr zu sicher seid, weil ihr der frischen Haut
Und lieblichen Gestalt, getäuscht, zuviel vertraut.
Ein drei Jahre nach Triller's Gedicht erschienenes Werk: „Vergleichung der natürlichen und eingepfropften Blattern nach Vernunft, Erfahrung und Religion angestellt von Joh. Friedr. Danneil, Cons.-Rath, Pastor zu St. Aegidi in Quedlinburg 1769, entwirft folgendes Gemälde von der Blatternkrankheit:

Noch würget gleich Lernäens Hyder
Die Blatternkrankheit Menschen nieder
Und schlachtet Hekatomben ab.
Die Länder mit den Fürsten zittern
Und tausend Väter mit den Müttern
Beweinen ihrer Kinder Grab.
Die nicht von ihrem Gifte starben
Sind krank und ungestalt von Narben
Und tragen heimlich ihre Schmach.
Was noch vom Bisse dieser Schlange
Verschont ist, bleibt vor Anfall bange
Und diese Furcht lässt nimmer nach.

Ein entschiedener Gegner Triller's ist der Abbé Roman, welcher in seinem Gedicht in vier Gesängen l'Inoculation, welches 1773 mit dem falschen Verlagsort Amsterdam, zu Paris bei Lacombe erschien und der Kaiserin Katharina II. von Russland zugeeignet ist, auf dem Titel-Kupfer die Variola als Megäre abbildet, die, mit einer Fackel in der Hand und über Leichen von Kindern hin, einen Knaben verfolgt. Dieser flüchtet auf den Schooss der mit einer Lancette bewaffneten Inoculation und wird von ihr geschützt. Des französischen Dichters Schilderung der Blattern ist schwungvoll.

Vains regrets! c'est ainsi que la contagion
Recueille tous les ans, dans chaque région,
Des humains abattus la moisson renaissante.
Harpie insatiable? Eh quoi, tout l'univers,
Devenu ta conquête, est en proie à ta rage!
Toutes les nations, esclaves dans tes fers,
Te doivent un tribut de sang et de carnage!
Ce n'est donc pas assez qu'un essaim d'autres maux,
De nos faibles enfans assiègeant les berceaux,
En plonge la moitié dans la nuit de la tombe;
Il faut que sous tes traits à tout âge on succombe,
Et bientôt exposée à tes cruels assauts

Du reste des vivans la septième partie
Sur tes autels sanglans voit immoler sa vie.

Ein ungenannter deutscher Dichter hat in dem „Aufruf an das scheidende Jahrhundert zur Ausrottung der Pocken" (Thorn 1797.) folgendes Gemälde einer Blatternepidemie entworfen.

Seht, wie sich ein schwarzer Grabeshügel
Schaurig an den Nachbarhügel reiht,
Wie der Todtenglocke Grabgeläut
Nicht mehr schweigt, des Todes schwarzer Flügel
Schrecklich über Städt' und Dörfer schwebt,
Wie aus jeder Menschenwohnung,
Jetzt ein Siechhaus, Flehen um Verschonung
Jammernd zu dem Himmel sich erhebt!

Hier starrt eine Mutter hingesunken
An des Lieblings Leiche stumm und kalt.
Ist das eine menschliche Gestalt?
Diess das Kind, das ihre Brust getrunken?
Nein, kein Menschenangesicht,
Ha, ein Scheusal ohne Leben
Hat man ihr in ihren Arm gegeben,
Denn ihr kleiner Abgott ist das nicht.

Den Gegensatz zu diesem düstern Nachtstück bildet der freilich etwas voreilige Jubelton des nach dem Bekanntwerden der Jenner'schen Entdeckung erschienenen Gedichts in der Schrift: „Das Thierquälen, die Baumbeschädigung und die Schutzpocken, katechetisch bearbeitet für Land- und Bürgerschulen von S. u. W." Altenburg und Erfurt 1802.

So raffte fast in allen Zonen,
Die Blatternpest mit wilder Hand
Die Menschen hin zu Millionen,
Eh die Vernunft ein Mittel fand,
Das uns, wenn man es weislich nützt,
Vor diesem Erdenübel schützt.

Ein Menschenfreund in uns'ren Zeiten
Erfand es, wer verehrt ihn nicht?
Es dankbar schätzen und verbreiten,
Sei unser Dank, sei unsre Pflicht!
Wer stillt nicht gern des Bruders Schmerz
Und reicht ihm Balsam für sein Herz?

Die Nachwelt noch wird ihn erheben,
Dort findet er noch höhern Lohn.
Nun kann der Enkel froher leben,
Wenn dieses Uebel ist entfloh'n;
Und wir, die die Vernunft gelehrt,
Sind dann des Namens Menschen werth.

Auch die dramatischen Werke, welche sich mit der Vaccine beschäftigen, sind sehr verschiedener Tendenz. Am harmlosesten ist: La Vaccine, Folie-vaudeville en un acte et en prose, par les citoyens Moreau, Ponet et T. Représenté pour la première fois sur le théâtre de la cité le 22 floréal an IX. A Paris chez Barba, eine Posse, welche das Interesse der Tagesfrage benutzt, um der sehr gewöhnlichen Fabel etwas mehr Reiz zu verleihen.

Dagegen ist das angeblich aus dem Französischen übersetzte Trauerspiel in einem Aufzuge: Die Kuhpocken, frei übersetzt von Burkard, wohlbestaltem Kuhhirt und Schulmeister in Leipzig, Scene in der St. Antonius-Vorstadt zu Paris, Frankfurt und Leipzig 1801, ein bitterer Angriff, indem die beiden Aerzte Baquet und Vuide den Sohn des Bürgers Mouton mit Wuthgift impfen und durch ihre Ungeschicklichkeit die schrecklichste Katastrophe herbeiführen.

Desto sentimentaler für die Kuhpockenimpfung wirkt das Familiengemälde in einem Act: die Kuhpocken, von Professor F. Rambach, vom Verf. dem „Retter seiner Kinder, Dr. Welper zugeeignet", erschienen Berlin 1802 und in Magdeburg wirklich aufgeführt. Es behandelt ein Familienzerwürfniss; der Vater will die Kinder impfen lassen, die Mutter, obgleich Schwester eines Arztes, widersetzt sich. Schon entschliesst sich der Mann, die ersten Einleitungen zu einer Ehescheidung zu treffen, als die Frau sich durch ihren Bruder bestimmen lässt, die Impfung heimlich vorzunehmen. Im Augenblick der grössten Spannung eilen die Kinder mit vollkommen entwickelten Blattern auf den blossen Armen herbei und Alles löst sich in Wohlgefallen auf. Der Verf. gibt in einer Note das Werk an, aus dem der Schauspieldirector die Abbildung einer Pustel entleihen soll, um sie auf den Armen der Kinder zu copiren.

„Die Kuhpocken oder der Ehrenschnurrbart." Ein Marionettenspiel mit lebenden Figuren von Lebrecht Lustig, Pirna 1803, ist ein dürftiges Machwerk, das nicht die Vaccine, sondern nur die marktschreierischen Impfer lächerlich machen soll, an komischer Wirkung aber weit von der freilich unfreiwilligen Komik Nittinger's übertroffen wird, welchem unter den Pockenpoeten der Gegenwart Niemand den Kranz streitig machen wird

Str.

IV.

Die Aerzte in Goethe's Jugendgeschichte.[*])

Medicinisch-biographische Erläuterungen zu „Wahrheit und Dichtung" Buch 1—20.

Das Folgende ist eine weitere Ausführung dessen, was ch in meiner jüngst erschienenen Schrift: „Goethe's Beziehungen zu seiner Vaterstadt" (Frankfurt, F. B. Auffarth) über die ärztlichen Persönlichkeiten der Zeit von 1749—1775 angedeutet habe. Den Citaten ist die sechsbändige Ausgabe von Goethe's Werken (1860) zu Grunde gelegt, welche durch ihr vollständiges Namensregister das Auffinden der einzelnen Persönlichkeiten erleichtert.

---

[*]) Zuerst gedruckt in Virchow's Archiv XXVI, 585 (1863).

Wir beginnen billig mit dem Wundarzt Georg Sigismund Schlicht, von welchem Goethe (IV. 2) erzählt, dass ihn der Grossvater Stadtschultheiss aus Veranlassung der bei der Entbindung seiner Tochter bewiesenen Ungeschicklichkeit der Hebamme, als Geburtshelfer und Hebammenlehrer angestellt habe (verpflichtet 9. Dec. 1749). Die Sache verhält sich jedoch anders; seine Anstellung war schon früher im Werke und gab zu einem interessanten Streit Veranlassung, in welchem der ärztliche Gemeingeist schiesslich den Sieg davontrug. Am 15. Februar 1748 fasste der Rath den Beschluss, den Schlicht mit einer Besoldung von 200 Thalern (= 300 Fl.) zum Stadtgeburtshelfer zu ernennen. Die Physici Chr. le Cerf, J. M. Starck, Corn. Gladbach und J. Chr. Senckenberg hatten dagegen eine Theilung der Stelle vorgeschlagen. Schlicht solle die Stadtaccoucheurstelle mit 100 Fl. Gehalt bekommen, da aber seine Fähigkeiten zum Unterricht der Hebammen nicht hinreichten, so solle man den in Strassburg gebildeten Dr. med. Kisner zum Hebammenlehrer mit 200 Fl. Gehalt ernennen und ihm die Oberaufsicht geben. Als aber die Physici die ohne ihr Vorwissen getroffene Entscheidung vom 9. December 1749 vernahmen, erliessen sie unter dem 11. desselben Monats ein (von Dr. Senckenberg) verfasstes Schreiben an den Senat, des Inhalts: „Demnach geraume Jahre her bei so grossem Verfall des Sanitätswesens in hiesiger Stadt die zur Aufsicht über dieses Geschäffte mit einem theuren Eid verbundene Stadtphysici bei Einem Hochedeln und Hochweisen Rath vielfältig ihre pflichtmässigen Vorstellungen zu desselben Verbesserung gethan, aber leider statt gehoffter Erhörung, zu welcher jedoch Ein Hochedler Rath durch Allerhöchste Kayserliche Rescripta mehrmalen angewiesen worden, bis hierher das Widerspiel erfahren müssen, also zwar, dass das Officium sanitatis nicht nur nicht gebessert, sondern täglich in mehreren Ruin gesetzt worden: So haben Physici nach so langem unfruchtbaren Imploriren durch die viele widrige Begebnisse sich endlich gedrungen gefunden, ihre sämmtliche Gravamina und Beweise Sr. Kays. Maj. vorzulegen und von derselben eine Remedur und Abstellung der so häufigen Mängel allerunterthänigst zu erbitten, wozu dann besonders die zum völligen Umsturz des Sanitätsamtes und äusserster Prostituirung des Physicats abzielende illegale und an sich nulle ohne Zuziehung des Collegii sanitatis gefertigte Instruction und darauf in grosser Eil erfolgte prächtige eidliche Verpflichtung des sogenannten Accoucheurs Schlicht, der doch schon als Chirurgus unter dem Officio sanitatis gestanden und bei der Accoucheur-Chirurgie beständig stehen bleibt, ein Grosses mit beigetragen." Sie protestiren hiermit dagegen und werden nicht ermangeln, dem Kaiser anzuzeigen, „wie leichtlich man hier selbst über die Jura caesarea und diesen subordinirtes Statutarium, über die Amtsordnungen und deren Usances hinausgehe und anstatt eines Juris certi et fixi ein Jus vagum, cerebrinum et venale Platz greifen lasse, mithin einem fanatismo politico Thür und Thor öffne: So leben sie dennoch der Hoffnung, Ein hochedler Rath oder wenigstens dessen Gerechtigkeit liebende Mitglieder werden sothanes Vornehmen derer Physicorum nicht ungütig aufnehmen, sie auch zur Erlangung ihres lediglich zum Besten des Vatterlandes abzielenden Endzwecks mit heilsamen Consiliis unterstützen, welches Alles Einem ganzen Edlen Rath vorzutragen des Aeltern Wohlregierenden Bürgermeisters Hochedelgestrengen sie hiermit ganz gehorsamst wollen ersucht haben."

Der Senat beschliesst hierauf: „den Zeddel den Physicis zurückzustellen und sie zu erinnern: falls sie etwas zu überreichen gemeynet, dass sie solches in Forma eines von ihnen sämmtlich unterschriebenen Memorials zu thun und darin alle unartige, ehrenrührige und calumniöse Austrückungen wegzulassen hätten." So ungnädig nun auch der Senat das Schreiben wegen seiner Form aufgenommen hatte, so wurde doch, als die Physici nach Schlicht's Tode

1754 das Recht in Anspruch nahmen, dem Rath drei Candidaten zur erledigten Stelle vorzuschlagen und den Gewählten, wenn gleich Graduatum, zu prüfen, ihnen dieses gewährt. — Der als Verfasser jener beleidigenden Schrift oben genannte Joh. Christian Senckenberg (Goethe IV. 24) war der zweite Sohn von Joh. Hartmann S., welcher 1655 zu Friedberg in der Wetterau geboren war, 1682 als Arzt nach Frankfurt kam und 1730 allda starb. Joh. Christian war 1707 in Frankfurt geboren, promovirte 1737 in Göttingen und wurde in demselben Jahre unter die Aerzte seiner Vaterstadt aufgenommen, 1744 ausserordentlicher, 1751 ordentlicher Landphysicus, 1757 hessen-cassel'scher Hofrath und Leibarzt. Er starb am 15. November 1772 in Folge eines Sturzes vom Gerüste beim Baue seines Bürgerspitals. Er war dreimal vermählt und hatte zwei Kinder, welche in früher Jugend starben.

Durch Stiftung vom 18. August 1763 vermachte er seiner Vaterstadt sein Vermögen von 95,000 Fl. nebst Haus und Sammlungen „zum Besten der Arzneikunst und Krankenpflege" in der Art, dass zwei Drittheile für ein medicinisches Institut (bestehend aus Anatomie, botanischem Garten, chemischem Laboratorium, Bibliothek und Naturaliensammlungen), zu dessen Eigenthümer das Collegium medicum protestantischer Religion bestimmt wurde, und ein Drittheil für ein Bürger- und Beisassenhospital verwandt werden sollte.

Die Schöpfung Senckenberg's zeigt sich im Jahre ihres hundertjährigen Bestehens in reicher Entfaltung: die nach seinem Namen genannte, 1817 gestiftete naturforschende Gesellschaft hat die Naturaliensammlungen des Stifters übernommen und dieselben zu einem der reichsten Museen Europa's erweitert. Der von dieser Gesellschaft 1824 abgezweigte physicalische Verein hat ein den heutigen Ansprüchen genügendes chemisches Laboratorium errichtet; die Wünsche, welche Senckenberg in seinen Schedulis niederlegte, zur Beförderung collegialen und wissenschaftlichen Sinnes und zur Vermehrung der Bibliothek sind erfüllt durch den 1845 gestifteten ärztlichen Verein. Den Vereinigungspunkt finden alle diese wissenschaftlichen Bestrebungen in einer gemeinsamen reichen und wohl zugänglichen Bibliothek. — Goethe hat bei jedem Besuche in der Vaterstadt diesen Stiftungen Senckenberg's ein lebhaftes Interesse zugewandt und über ihren Fortgang berichtet.

Nach Senckenberg, dessen eigenthümliches Wesen Goethe a. a. O. (IV. 22) ausführlich schildert, tritt kein weiterer Arzt uns entgegen, bis nach Wolfgangs Heimkehr von Leipzig, wo er von einem Arzte aus dem klettenberg'schen Kreise behandelt wurde. Dieser „unerklärliche, schlau blickende, freundlich sprechende, übrigens abstruse Mann" (IV. 108) ist zufolge Goethe's brieflicher Mittheilung an Lavater: Dr. Joh. Fried. Metz, welcher 1724 in Tübingen geboren war und seit 1765 als Arzt in Frankfurt lebte, wo er 1782 starb. Endlich Goethe's Begleiter auf der Vergnügungsreise, welche er im Juni 1771 in die Vogesen machte (IV. 132), war Friedrich Leopold Weyland, welcher 1772 zu Strassburg promovirte und im selben Jahre als Arzt in Frankfurt aufgenommen wurde. Er lebte seit 1782 als hessen-darmstädtischer Hofrath und Leibarzt des Erbprinzsn zu Buchsweiler und starb 1787.

Goethe erwähnt (IV. 181), „dass einer der vorzüglichsten Sachwalter in Frankfurt sich den höchsten Ruhm erwarb, als er einem Scharfrichtersohne den Eingang in das Collegium zu erfechten wusste." Es bezieht sich diese Stelle auf den mehrjährigen Prozess, welchen die Physici mit dem Senat und dem Scharfrichtersohne Dr. Joh. Michael Hoffmann (geb. 1741 zu Marburg, gest. 1799 zu Frankfurt)*) führten. Dieser, in Marburg, Göttingen und Strassburg zum Arzt ausgebildet und an letzter Hochschule promovirt, wollte im Jahre 1766 in das Coll. med. Francof

---

*) Vergl. oben S. 5.   Str.

aufgenommen sein. Die Physici Senckenberg, Pettmann und Grammann thaten Vorstellung dagegen, „einen Abkömmling eines solchen Abscheues der menschlichen Gesellschaft, welcher durch seine Knechte Pferde abziehen und Aeser schinden lässt, der s. v. stercore humano fett und reich wird und Hunde todtschlagen lässt," aufzunehmen und wollten selbst die Promotion nicht als Grund der Ehrlichkeit gelten lassen. „Da wir die klaren Worte der Reichsgesetze vor uns haben, so sehen wir die geldbegierigen Gründe einer französischen medicinischen Facultät, welcher die hiesigen und Reichsgesetze unbekannt sind, mit der gegenseitigen Meinung einiger Rechtslehrer, mit Mitleiden an." Darauf hin wurde vom Rathe am 8. April 1766 dem Dr. Hoffmann abschläglicher Bescheid ertheilt. Schon am 14. desselben Monats reicht dieser eine Gegenschrift ein, worin er einen Verwandten von sich anführt, der vom Kaiser Ferdinand III. das Wappenrecht erhalten, und als medicinische Scharfrichtersöhne den dänischen Leibarzt Freiherrn Messing, der selbst Scharfrichter in Cassel gewesen sei, den Dr. Frank, Prosector in Strassburg und den Dr. Glaser in Mühlhausen; endlich legt er eine eigene Dissertation von Schertz über die Promotion der Scharfrichtersöhne bei, welche 1719 zu Strassburg erschienen war und von der 1766 Hoffmann einen Abdruck zu Frankfurt besorgt hatte. Hoffmann sagt in seiner Gegenschrift unter Anderem: „Ich kann mir nicht denken, dass in unserem erleuchteten Jahrhundert diejenigen, welchen Gott das Genie zum Studiren und das Vermögen zu denen damit verknüpften vielen Kosten geschenkt hat, in eine Nothwendigkeit versetzt würden, ihre Talente zu vergraben, weil ihre Eltern einen Stand haben, welcher nicht zu den geehrtesten der Republik gehört. Ist es ihnen aber erlaubt, zu studiren, so muss es ihnen auch erlaubt seyn, das Gelernte auszuüben."

Auf diese Schrift hin wurde am 24. April beschlossen, die Sache nochmals in Erwägung zu ziehen, aber von

Neuem abgeschlagen. Endlich, nach vielem Schriftenwechsel, wurde dem Dr. Hoffmann am 3. Juni 1766 seine Bitte gewährt, unter der Bedingung, dass er eine Bürgerstochter oder Bürgerswittwe eheliche. Gleich am folgenden Tage protestiren die Physici Senckenberg, Pettmann und Grammann gegen diesen Rathschluss als den Reichs- und Stadtgesetzen zuwiderlaufend und legen Berufung ein beim Reichshofrathe in Wien, wo die Sache 1768 günstig für Hoffmann entschieden wird, worauf dessen Aufnahme ins Coll. med. Francof. 1769 erfolgte. Am 2. März 1772 wurde er mit Jgfr. Justina Katharina Vogel getraut.

V.

Eine Entbindungsreise in Litthauen.
von
Kreiswundarzt Dr. Gaulke
in Insterburg.*)

Den Herren Collegen der grossen Städte, welche in bequemen Droschken durch die ebenen Strassen fahren, wird es vielleicht nicht unlieb sein, in gemüthlicher Stunde in confortabler Wohnung auch etwas zu erfahren von der minder günstig situirten Majorität ihrer Standesgenossen in den entlegenen Provinzen, namentlich in den kleinen Städten und Dörfern, und von deren Mühen, Strapazen und schlechten Bezahlungen.

Es möge zu diesem Zwecke von vielen die wahre Schilderung einer Entbindungsreise als kleines Culturbild genügen.

Am 11. November, wo nach langem Regen die Lehmwege allerorts so aufgeweicht waren, dass weder Pferde noch Wagen fortgebracht werden konnten, und jegliche

---

*) Deutsche Klinik, 28. Februar 1863.

Communication auf dem Lande aufgehört hatte (welcher Zustand auf Litthauisch „Schacktarp" genannt wird), schien der Mond zum ersten Male klar auf die Erde und verhiess den so sehnlich erwarteten ersten Frost.

Nachts 11 Uhr wird der Verfasser geweckt durch den Hufschlag einer grossen Cavalcade. — Vor seinem Fenster erblickt er vier kleine litthauische Pferde, von denen zwei mit Reitern bedeckt waren. — Auf die Frage, was es gebe, begann der Sprecher: „Ich bin der Dorfschulze aus dem Dorfe Paducken, $3^1/_2$ Meilen von hier, und komme, Sie zu einer Frau zu holen, welche seit drei Tagen in Kindesnöthen liegt. Der Wagen, welchen diese vier Pferde gezogen haben, ist zwei Meilen von hier im Lehm stecken geblieben und eingefroren. Sie müssen desshalb reiten." — „Gut."

Verf. im landesüblichen Reitcostüm mit einem grauen Waldmantel, auf dem der hellen Farbe wegen kein Lehmfleck zu sehen, besteigt den einzigen Sattel des grössten Pferdes. Der Dorfschulze Neubacher ohne Sattel nimmt den hölzernen länglichen Instrumentenkasten auf's Pferd und befestigt denselben mittelst eines Bindfadens um seinen Hals. Der dritte Reiter, der Vater des zu erwartenden Kindes, mit den beiden Vorderpferden folgt. So geht es anfangs im Rhythmus von Bürger's Leonore davon. Doch das Vergnügen sollte nicht lange dauern. Nach einer halben Meile hält N. an, ächzt und versichert, dass der dünne Bindfaden, womit der metallisch klirrende, im Trabe Tact schlagende Instrumentenkasten um seinen Hals gebunden war, Miene mache ihn zu erwürgen, er könne nicht weiter Luft holen, und müsse ohne Abhülfe ersticken. — Anderes Manoeuvre de force und Abänderung. Fortsetzung des Rittes. — Die langen Füsse des Verf. auf einem so kleinen Pferde streifen nicht den Morgenthau vom Grase, wie es in jenem klassischen Gedicht heisst, sondern den Lehm, in welchem die Pferdchen bis zu den Knieen versinken. Schritt vor Schritt weiter. Ein aufgeweichter Gummischuh empfiehlt sich und bleibt ein glebae adscriptus. Die Pferde, welche vier verschiedenen Bauern gehören (es war ein sogenanntes Nothangespann), fangen an zu ermüden. Der Hintermann mit den beiden Pferden bleibt zurück. Von Weitem erblicken wir schon den steckengebliebenen Wagen. Der zunehmende Frost bewirkt, dass die Wagen im Lehm steckenbleiben, stillstehen und festfrieren. Es war periculum in mora. Wir mussten bessere Nebenwege suchen, sogenannte Wiesenschlängen oder Dschungeln, bevor der Frost grösser wurde. Jeder herunter vom Pferde, zu Fuss, den Zaum des Pferdes um Brust und Schulter gelegt, wie die Schiffstreidler die Schiffe ziehen, mussten wir, bis an die Knie im nassen Lehm, der noch nicht überhielt, die Thiere eine Viertelmeile weit mit aller Körperkraft herausund vorwärtsziehen. Zweiter Gummischuh perdu. Endlich war die lang ersehnte Wiesenschlänge erreicht, und der Ritt ging mit N. allein wieder weiter. Der Mond schien hell, die Hähne in entfernt liegenden Dörfern fingen schon an zu krähen; es war 2 Uhr vorüber, die Kälte zunehmend. Die einzige Erquickung Hoffmannstropfen, aber auch diese hatte das Geschick durch Verschellen an den Zangenlöffeln vergossen; desshalb ein Castoreumpulver.

Nach sechsstündigem Ritte kündigte mir N. an, dass wir bald das Ziel erreicht hätten. Diess erblickte man in der Form einer elenden kleinen alleinstehenden Lehmhütte, wo die Eigenkäthnerfrau Thielke im Kreisen darniederliegen sollte.

Verf. kam in eine niedrige, enge, durch eine qualmende Thranlampe wenig erleuchtete Stube, in welcher die Kranke seit drei Tagen lag und in welcher ein erwachsener Mensch nicht gerade stehen konnte. Die approbirte Hebamme aus A. war seit zwei Tagen verschwunden, weil sie keine Nahrungsmittel zur Fristung des Lebens gefunden hatte. Der Mann der Frau war zu Pferde zurückgeblieben, eine alte, halbblinde litthauische Frau die einzige schwache Hülfleisterin. Wegen Differenz der Sprachen keine Conversation möglich, als Touchement. Erst vollständige Stille, nachher desto mehr litthauisches Geschrei: „Jesau, Jesaumene!" von der Alten.

Straffe trockene Gebärmutter, Querlage; die schwierige Wendung musste unter bittern Mühen und Anstrengungen ausgeführt werden.

Nach gethaner Arbeit erwartete N., der angeblich seiner Weichmüthigkeit wegen so etwas nicht ansehen konnte, den durchnässten Verf. vor der Hütte, mit der tröstlichen Aussicht, dass er keine Pferde hätte zur Rückreise auftreiben können, dass er der einzige deutsch sprechende Mensch in P. sei, und dass er ihn zum Schlafen mit in seine weit entfernte Wohnung nehmen müsse. Wieder zu Ross. Nach kurzem Ritt erreichen wir das Dorf. N. reitet auf seinen Thorweg zu und klopft, wie die Vehmrichter, dreimal an. Es erscheint nach langem Harren ein schlaftrunkener stotternder Knecht, der viele sonderbare Seiten hatte, wovon später, und nimmt die Pferde in Empfang. Wir treten in eine enge kalte Stube. Ein dunkles schmutziges Himmelbett war das einzige Ameublement, welches dem Verf. zur Disposition gestellt wurde. Doch dies sollte noch nicht so leicht zu erreichen sein, indem dieses Schlaf-Institut eine grosse Einwohnerschaft hatte. Ein sogenannter Szibber (Kienspan) wird angezündet, N. tritt an's Himmelbett, giebt seiner dort sanft schlafenden Ehehälfte mehrere zarte Püffe in die Rippen: „weg! Doctor 'rein!" — Diese erhebt sich und jagt schnurstracks in die kleine Hinterstube, ihr folgen grunzend gleich kleinen Ferkeln drei Kinder verschiedenen Geschlechts von 3 — 8 Jahren im Bogenlauf nach. Nun war das Schlachtfeld geräumt. Die nassen Stiefel wurden ausgezogen, Verf. legte sich mit den Kleidern, welche des Ungeziefers wegen an den Füssen und am Halse mit Bindfaden zugebunden wurden, in's animalisch erwärmte Bett. Schlaf unbedeutend. Morgens 8 Uhr erschien N. mit der Meldung, dass es die Nacht sehr stark gefroren hätte, und dass die Pferde vor dem Rückritt erst noch mit neuen Hufeisen beschlagen werden müssten. Der stotternde Knecht reitet darauf mit zwei Rossen zu der eine halbe Meile entfernten Schmiede und kommt vor Mittag nicht wieder.

Wie die Tageshelle das Gemach beschien, erschien auch lachenden und vergnügten Gesichts mein mir wegen des guten Reitens schrecklich zugethaner N. mit einer Flasche in der Hand, die er kräftiglichst schüttelte. — Auf des Verf. Frage, was das sei? sagte er: „Doctor, das ist für Euch zum Frühstück, es ist Schnaps, Honig und Muscobade; in einem Teller mit Löffel zu essen, wird's herrlich schmecken." Auf die Entgegnung, dass Verf. solches Getränk nicht geniessen würde, sagte er: dann hörte seine Kunst auf, dann könnte er demselben nichts weiter anbieten. — Verf. forderte Milch, die N. draussen zu kochen versprach. Wie es zu lange dauert und Verf. hinausgeht, um danach zu sehen, erblickt er um einen an einem Seile hängenden Kessel mit Milch drei stillschweigende Frauen wie im Macbeth, aber statt der Hexensuppe die Milch beobachtend, um das Feuer auf der Erde kauern. Die Bequemlichkeit des Feuerheerdes schien also hier noch unbekannt zu sein. Das grobe Brod war nicht zu geniessen, desshalb war die Milch ein nicht zu verachtendes Stärkungsmittel, welches ja alle zum Leben nothwendigen Ingredienzen enthalten soll.

Wie der Verf. beschäftigt ist, seinen irdischen Körper einigermassen zu restauriren, beginnt sich die Stube allmählich mit männlichen und weiblichen Insassen zu füllen, welche mit dem litthauischen Grusse „laps ritsch" (guten Morgen) stillschweigend Platz nehmen. Nachdem Verf. sein Verwundern darüber ausgesprochen hatte, begann N. mit geflügelten Worten im Pathos also: „Diese Leute sind Bewohner des Dorfes; so lange als Paducken steht, hat es noch nie das Glück gehabt, einen Doctor in seinen Mauern zu beherbergen. Die Leute, da die meisten auch noch nie einen Doctor gesehen haben, sind desshalb erschienen, einmal einen solchen zu sehen und zu bewundern." — Gegen dieses Argumentum ad hominem liess sich natürlich nichts einwenden; fiat! Conversation unmöglich, dagegen viel sprechende Mimik.

Da keine beschlagenen Pferde kamen, mussten drei Boten nachgesendet werden. Erst um Mittag erschien der komische Knecht mit dem Schmied, welcher gleichzeitig mitgeritten kam, wahrscheinlich um die Zahlung gleich in Empfang zu nehmen. Auf des Verf. Frage, warum das so lange gedauert, sagte der deutsch sprechende Schmied: „Ja sehen Sie, Doctor, der Knecht ist ein drolliger Mensch; er kommt Morgens, nachdem er die Pferde angebunden, in die Schmiede, setzt sich hin und schläft ein. Wie ich ihn nach zwei Stunden wecke und nach seinem Begehr frage, sagt er: ich habe sehr grosse Eile, es will ein Doctor auf diesen Pferden nach der Stadt reiten, beschlagen Sie sie doch. An der ganzen Versäumniss hat der Knecht Schuld." N., sein Brodherr, sagt: „Ja, das ist ein merkwürdiger Mensch. Ich habe ihn seit einem Jahre, wo er aus der Strafanstalt entlassen wurde; er war wegen Diebstahls zwei Jahre darin. Er hatte vom Dache aus Speck und Wurst aus einem Schornstein gestohlen und war dabei betroffen worden. Er redete sich aber vor Gericht so aus, dass er sagte, er hätte sich auf dem Dache, am rauchenden Schornstein sitzend, bloss die Füsse wärmen wollen, was ihm natürlich keiner glaubte."

Nachdem von der Einwohnerschaft der übliche Abschied „labba de" genommen, der mit „deko" beantwortet worden, ging es wieder zu Ross in N.'s Begleitung zurück. — Ein eingefrorener Gummischuh ward entdeckt, jedoch nur als Ruine aus dem Eise gezogen. Die Stadt ward Abends erreicht, welche ihre dunklen Schatten auf den fast unkenntlichen, schauerlich beschmutzten Verf. warf. N. nahm den Dank vom Verf. in mehreren guten Schnäpsen an; herzlichen Dank und Abschied. —

Und fragst Du, freundlicher Leser, nach der Nutzanwendung, welches war der Lohn dieser gemüthlichen schönen Reise? Antwort: vorweg eine Abschlagszahlung in Ungeziefer! — —

Fünf Jahre später, nachdem alle administrativen Wege zu einer Bezahlung Seitens der ganzen Commune erschöpft waren, hiess es: der Eigenthümer Thielke muss selbst bezahlen, hat aber nichts. An einem schönen Herbsttage des folgenden Jahres aber erschien Thielke, mein einstiger Vorderpferdreiter, in Begleitung eines landräthlichen Executors, und hatte ein kleines Ferkel im Werthe von etwa 2 Thaler am Strick. „Hier bring' ich, Doctor, für Sie dies Schweinchen, weiter hab' ich nichts." Er nahm es aber wieder zurück. Lieber gar nichts! O praxis cuprea!

VI.
Die chinesische Medizin. [*]

Seit dem siebzehnten Jahrhundert ist mit den beiden in Peking bestehenden griechischen Kirchen eine russische geistliche Mission verbunden, welche, nur alle sechs Jahre gewechselt, genugsame Gelegenheit hat, mit den Eigenthümlichkeiten China's sich zu beschäftigen. Sie besteht aus vier Geistlichen, vier Studenten, einem Arzt und einem Maler. Im Jahre 1858 sind die Arbeiten dieser Mission in deutscher Uebersetzung durch Abel und Mecklenburg bei Heinicke zu Berlin in zwei Bänden erschienen, worin sich von dem Arzt der Anstalt, Dr. Tatarinoff ein interessanter Aufsatz über chinesische Medizin befindet, aus dem wir das Wesentliche mittheilen wollen. Die Chinesen haben das beneficium flebile, dass ihre Kultur das spotthafte Gegenbild der europäischen bildet. Der Grund dieser Erscheinung, welcher auf allen Gebieten wahrnehmbar ist, liegt unseres Bedünkens in dem Widerstreit zwischen Form und Wesen;

---

[*] Vorgetragen im ärztlichen Verein zu Frankfurt a. M. 19. Juli 1858. — Zuerst gedruckt im Schwäbischen Merkur vom 8. Sept. 1859, daraus abgedruckt im Beiblatt zur Frankfurter Handelszeitung vom 14. Sept. 1859.

während die Form höchst ausgebildet ist, lässt die absolute Beharrung der chinesischen Kultur das Wesen in einen schroffen Gegensatz zur Form treten, welcher ins Komische umschlägt. So finden wir in China Medizinalkollegien, Klassen von Aerzten, Examina, Ehrentitel, Spezialisten, sehr geordnete Honorarverhältnisse und doch weder eine ärztliche Wissenschaft, noch streng genommen einen ärztlichen Stand, der aus der Ausübung der Heilkunde seinen Beruf macht, weder ärztliche Bildungsanstalten noch Krankenhäuser. Was zunächst die wissenschaftliche Behandlung betrifft, so ist das älteste Lehrbuch der Heilkunde nach den geringsten Angaben mindestens 1500 Jahre alt, und doch ist es noch immer im Wesentlichen in Gültigkeit. Den Mangel anatomischer Begründung hat die chinesische Medizin mit den Anfängen derselben bei anderen Völkern gemein, dagegen unterscheidet sie sich von denselben durch den vollständigen Mangel an Systematik, welcher allen chinesischen Disziplinen gemein ist, ein neues Zeichen der Unfähigkeit geistiger Entwicklung bei diesem Volke. An die Stelle der Systeme, welche, indem sie die in der Erkenntniss bestehenden Lücken aufweisen, zum Fortschritt drängen, tritt der Autoritätsglaube, das Ab- und Nachschreiben berühmter Werke, welche, selbst wenn sie nicht von Aerzten seyn sollten, Jahrhunderte lang in Ansehen bleiben. Die Grundlagen der Heilkunde sind dieselben wie in den Anfängen aller Völker: eine minutiös ohne physiologische und anatomische Grundlage ausgebildete Zeichenlehre, zumal eine höchst spitzfindige Pulslehre, eine sehr verwickelte Diätetik und Heilmittellehre, gänzliche Vernachlässigung des operativen Theils mit Ausnahme der dem Volke eigenen Acupunctur, endlich spielt die medicina magica eine grosse Rolle in der Form von Beschwörungen, wunderthätigen Bildern u. dergl. Uebrigens werden die Impfgegner sich freuen, zu vernehmen, dass die Bemühungen der Engländer seit 15 Jahren, die Pockenimpfung einzuführen, noch geringen Erfolg gehabt haben, vielmehr decimiren Pockenepidemien die Bevölkerung. Die medizinische Bildung der Chinesen ist zu allen Zeiten weit hinter dem zurückgeblieben, was sie ihre schönen Wissenschaften (Wohlredenheit) nennen, nämlich der Kenntniss der klassischen Bücher. Immer hat es in China besondere Gesetze und Stiftungen gegeben Behufs der Leitung derjenigen, welche sich mit dem Studium der schönen Wissenschaften beschäftigten; die Medizin hingegen ist stets eine freie Kunst geblieben, keiner besonderen Klasse gehörig und keinen Gesetzen unterworfen. Die Heilkunde heisst desswegen auch der kleine Weg, die schönen Wissenschaften der grosse Weg. Wer zu heilen verstand, konnte daneben auch Staatsdiener seyn. Nur für die Aspiranten für Hofarztstellen wurde vor 200 Jahren ein Medizinalkolleg errichtet, welches zwei Prüfungen im Verlauf eines längeren Zwischenraums anordnete. Nachdem der Bewerber die zweite Prüfung gut bestanden, trat er in die Reihe der Hofärzte, doch sind in der neusten Zeit diese Prüfungen Schein geworden und die Hofstellen werden nach Gunst vertheilt. Die Privatpraxis dagegen ist und war immer freigegeben. Es finden sich unter den Privatärzten Leute jedes Standes: abgesetzte Beamte, Apothekergehülfen, welche einige Fertigkeit im Rezeptschreiben erlangt haben; Maler, selbst Bauern, besonders unter den Acupunctoren, welche es bequemer finden, mit der Nadel als mit dem Spaten ihr Brod zu verdienen. Dennoch gewinnen alle ihren guten Unterhalt, da das chinesische Volk eine merkwürdige Neigung hat, sich von Jedermann kuriren zu lassen, sofern es nur billig ist. Wie gross die Zahl der Aerzte in Peking ist, geht daraus hervor, dass man in der Strasse der russischen Mission auf ¼ Werst deren 8, also etwa auf 100 Schritt einen zählt. Der frühere Präsident des Medizinalkollegiums war ein Beamter, der, nachdem ein von ihm empfohlenes Mittel zufällig einem Mitglied der Kaiserl. Familie gute Dienste geleistet, diese Stelle erhielt und nun als Arzt und ärztlicher Schriftsteller auftrat. Da jede Art medizinischer Bildungsanstalten fehlt, so sind die Aerzte verhältnissmässig noch die besten, welche mit ihrem Vater, der gleichfalls Arzt war, wenigstens längere Zeit Kranke gesehen, während andere nur medizinische Bücher auswendig gelernt haben. Die niedrigste Stufe nehmen die Nadelpunctirer und Verkäufer von Geheimmitteln ein, welche in den Tempeln, auf den Jahrmärkten und Strassen sich umhertreiben. Die Geheimmittel, deren öffentlichen Verkauf die Regierung oder die Sittlichkeit nicht gestattet, werden heimlich in den Häusern verkauft, wovon man durch gedruckte Anschläge an den Ecken in Kenntniss gesetzt wird, womit troz der Strassenaufseher Peking ebenso erfüllt ist, wie nur immer die Strassen von Paris. Alle diese Arzneimittel werden von Leuten jeden Standes in grosser Menge gekauft. An den Hausthüren der Aerzte ist, ebenso wie an den Wirthshäusern und Apotheken, eine schwarze oder weisse Tafel aufgehängt, welche mit eingeschnittenen vergoldeten, schwarzen, rothen oder blauen Buchstaben nicht den Namen des Arztes, sondern einen selbst ausgedachten oder von Freunden verliehenen prunkenden Beinamen des Hauses, z. B. „Tempel der Wohlthätigkeit, der Ruhe" etc. enthält, unter welchem Namen allein die Wohnung des betreffenden Arztes aufzufinden ist. Ausser diesen Tafeln giebt es 2) noch solche, welche die Krankheiten bezeichnen, in deren Heilung der Arzt besonders geschickt ist, und 3) eine Art Votivtafeln, von bedeutender Grösse, welche dankbare Kranke dem Arzte gewidmet, wenn sie nicht auf Bestellung des Arztes selbst angefertigt worden. In dem ersteren Falle werden sie auf einer Sänfte in feierlichem Zuge, unter Musikbegleitung von dem Stifter selbst oder dessen Beauftragten überbracht und mit Geschenken begleitet; der Arzt empfängt den Zug feierlich, bewirthet und beschenkt die Träger. Aus dem Wesen der chinesischen Heilwissenschaft und dem Bildungsstand der Aerzte folgt mit Nothwendigkeit, dass das Ansehen des Arztes dem Kranken gegenüber gering ist, und er sich, was bei uns doch nur ausnahms-

weise vorkommt, darauf gefasst machen muss, mit dem
Kranken über Wesen und Heilart seines Leidens zu disputiren. Indess, da es keine medicinischen Schulen giebt, so
vereinigen sich Arzt und Patient gewöhnlich in Anerkennung
der populären Anschauungen. Die Specialitäten sind weit
ausgebildet. Nicht nur giebt es Aerzte für äusserliche, für
innerliche, für Kinder-, für Augen-, für Zahnkrankheiten,
unter denen die Chirurgen aber am Schwächsten vertreten
sind, sondern auch eigene „Tempel" für Erkältungsfieber, für
Schlagflüsse etc. Die Geburtshülfe wird nur von Frauen geübt, die Nadelpunktirer sind gänzlich vom Hofdienste entfernt,
dagegen findet sich unter den Hofärzten ein Beamter, der
in den Tempeln Kerzen zum Wohl der Kranken zu verbrennen hat. Die Praxis üben die chinesischen Aerzte entweder in ihren Häusern oder in denen der Kranken, da
Krankenhäuser in China niemals existirt haben. Nur in den
Vorstädten von Peking befinden sich seit dem Ende des
vorigen Jahrhunderts Zufluchtsstätten für Greise und kleine
Kinder, welche, schlecht gehalten und verwaltet, theils zum
Obdach für Vagabunden, theils zum Kinderhandel dienen.
Den schroffsten Gegensatz zu der wenigstens im Princip dieser Stiftungen, ausgesprochenen Humanität bildet der bei
Gelegenheit einer Pockenepidemie zur angegebenen Zeit, wo
viele Kinderleichen auf die Strasse geworfen wurden, eingeführte Kuhwagen, dessen Fortbestehen nur durch die
buddhistische Vorstellung, dass die Kinder erst im achten
Jahre vollständig beseelt würden, erklärlich ist. Es fahren
nämlich jeden Morgen mit Kühen bespannte Wagen langsamen Schrittes durch die beiden Hauptstrassen von Peking.
Jedermann kann ein verstorbenes Kind in den Wagen legen,
wobei er nicht verpflichtet ist anzugeben, aus welchem
Hause es komme, er zahlt nur dem Führer des Wagens
eine kleine Kupfermünze. Auch muss die Kinderleiche sich
in einem Sarge befinden oder wenigstens in ein Stück alter
Matten gehüllt seyn. Diese Wagen sind fast immer mit
solchen Särgen und Mattenbündeln gefüllt. Man führt sie

durch die südöstliche Vorstadt von Peking zu einem Tempel, wo sie aufbewahrt werden, bis eine hinreichende Anzahl beisammen ist. Darnach öffnet man eine Grube, legt die Leichen hinein und verbrennt sie sammt den Särgen, wobei ein buddhistischer Mönch Gebete liest. Die Honorarbedingungen sind vollständig ausgebildet. Für die Behandlung im Hause des Kranken wird ein jährliches Honorar festgesetzt; für das in den Sprechstunden verfasste Rezept giebt es Abstufungen von 3 bis 9, höchstens 14 Kreuzern, dennoch ist der Zudrang so gross, dass in der 4—5stündigen Sprechzeit des Arztes derselbe 10 bis 20 fl. einnimmt. Damit der Kranke die Taxe des Arztes ohne zu fragen kenne, liegt eine entsprechende Anzahl Kupfermünzen an einem Faden gereiht auf dem Tisch des Empfangszimmers. Frauen gehen nie in das Haus des Arztes. Die Taxen für einen einfachen Besuch sind 500 an einen Faden gereihte Kupfermünzen im Werth eines Guldens; eine der Entfernung vom Wohnort der Arztes entsprechende Anzahl solcher Bündel wird in den Wagen desselben gelegt. Die Schwierigkeiten, welche die Sitte einer manuellen Untersuchung kranker Frauen entgegenstellt, sind dieselben wie bei den übrigen Orientalen; dagegen entspricht es dem englischen Brauche, dass der Arzt, wofern er nicht festbesoldeter Hausarzt ist, nicht ohne wiederholte Aufforderung bei dem Kranken sich einstellt. Um bei der ungeheuren Ausdehnung und Regellosigkeit chinesischer Grossstädte sich die Auffindung des Kranken zu erleichtern, kleben die Aerzte eine farbige Karte mit ihrem Ehrennamen an die Hausthür des Kranken. Man sieht häufig mehrere solche Karten neben einander, denn in Peking ist es selten, dass ein Arzt zu einer Fortbehandlung gelangt; hat das Mittel gut gewirkt, so braucht man es fort; hat es keinen Erfolg gezeigt, so lässt man andere Aerzte, einen jeden ohne Wissen des andern, kommen, examiniren und verordnen. An die Stelle der ärztlichen Concilien tritt der Familienrath über die Aerzte; die allgemein verständlich abgefassten

Rezepte werden verglichen und von den übereinstimmenden wird eines zur Apotheke geschickt. Ist durchaus keine Uebereinstimmung in den verordneten Mitteln aufzufinden, so entscheidet das Loos. Auf den Dörfern bestehen neben der zahlreichen Klasse der Astrologen und Beschwörer, Landärzte, welche zugleich Apotheker sind und das ärztliche Honorar auf die von ihnen bereitete und verabfolgte Medizin schlagen. Nach den Staatsgesetzen zerfällt die ganze chinesische Bevölkerung in zwei Klassen: Wohlgeborene, d. h. Beamte, und Volk; unter dem Volke stehen als niedrigste Menschenklasse: Gerichtsdiener, Schauspieler, Bartscheerer und Knechte. Die Aerzte nun gehören zum Volk, die Mitglieder des Medizinalcollegiums aber sind Wohlgeborene. Dieses Collegium ist die einzige Regierungsstelle in Sachen der Medizin, doch erstreckt sich seine Competenz bloss auf die Hofärzte. Es zählt etwa 40 active Mitglieder und 30 Exspectanten, welche in der 5. bis 9. Rangklasse stehen; sie sind durch verschiedenfarbige Kugeln an der Mütze ausgezeichnet und geniessen 180—360 fl. jährlichen Gehalt und etwas Reis. Der Leibärzte giebt es 15, der Hofärzte 18. Der letztere Titel ist sehr gesucht, und auch das stimmt mit den europäischen Verhältnissen überein, dass der Verkauf von Geheimmitteln der sicherste Weg, wenn nicht zur Ehre, doch zum ärztlichen Reichthum ist.

VII.

P. Bretonneau.[*]

Bretonneau war ausserordentlich eigenthümlich in seinem Wesen und führte eine ganz besondere unregel-

---

[*] Nach Velpeau's Grabrede, Medical Times 17. Mai 1862. S. 516. — B. starb, 84 Jahre alt, am 18. Februar 1862 in Passy bei Paris, wohin er sich nach Niederlegung seiner Praxis zurückgezogen hatte. Eine wissenschaftliche Würdigung B's. in Parallele mit Graves gab Lasègue in den Archives générales de médecine im 20. Band der fünften Folge (1862) S. 587. Ueber B's Schriften ist zu vergleichen Callisen med. Schriftstellerlexicon. Bd. 3 (1830) u. Bd 26 (1838).

mässige Lebensweise. Er konnte zu allen Stunden wachen oder schlafen, war unempfindlich gegen Hitze und Kälte; er konnte essen und trinken wann er wollte, Nachts und bei Tage und ohne jede Rücksicht auf die häuslichen Anordnungen. Er konnte reitend schlafen ohne vom Pferde zu fallen und mitten in der Unterhaltung einschlafen oder sitzend am Bette eines Patienten und im Laufe seiner Rede einnicken. Sobald er aufwachte, nahm er den Faden seiner Rede wieder auf und seine Gesellschaft merkte zuweilen selbst nicht einmal solche Unterbrechungen. Er folgte immer augenblicklichen Eingebungen und quälte sich und andere nie mit Nachgrübeln über die Zukunft. Verfolgte er einen Gegenstand, so lebte er diesem ganz ausschliesslich. Als er typhöse Fieber und Diphtheritis studirte, wollte er von nichts Anderem hören. Wurde er zu einem Kranken gerufen, so war sein Diener instruirt, zu fragen, ob der Patient an Fieber oder Heiserkeit litt, und, war diess nicht der Fall, zu sagen, sein Herr sei nicht daheim. Auf der anderen Seite, wenn er aus seinem Hospital kam, so ging er sogleich in seinen Garten und vergass die Kranken; dann dachte er nur an Gemüse, Pfropfreiser, Ableger, Bast und Wildlinge.

Bei einer Staaroperation fand er, dass der Stiel der Nadel, wie er damals üblich war, unbequem sei und sann augenblicklich den aus, welcher heute noch gebräuchlich ist. Da er aber fürchtete, der Instrumentenmacher werde seinen Gedanken nicht ganz verstehen, so gab er sich daran, ihn selbst auszuführen und war drei Tage lang nicht aus seiner improvisirten Schmiede zu entfernen. Ein anderesmal dachte er sich ein neues Röhrchen aus, um Kuhpockenstoff aufzuheben und war geschäftig mit einer Glasbläserlampe und Glas, bis ihm gelungen war, das auszuführen, welches in der That lange Zeit andern vorgezogen wurde. Trotz aller dieser Nebenbeschäftigungen hatte er eine ausgedehnte Praxis. Alle die guten Familien der Nachbarschaft von Tours waren bemüht, sich seinen ärztlichen Beistand zu sichern und in vielen Fällen wurde er auch nach Paris gerufen, wo kein Provinzialarzt je eine so grosse Praxis gehabt hat. Er besuchte seine Patienten zu allen Zeiten, ohne gerufen zu sein, und in kurzen oder langen Zwischenräumen, wie er es für nöthig hielt. Manchmal blieb er eine Stunde am Bett eines Kranken sitzen, während er andern kaum eine Minute schenkte. Da er sehr bestimmt in seinen Ansichten war und nutzlose Discussionen nicht liebte, so fügte er sich mit grossem Widerstreben den üblichen Ansprüchen wegen häufiger Consultationen. Ja er versäumte sogar oft die Stunde solcher Zusammenkünfte. Einmal liess er die Aerzte im Hause des Kranken dreiviertel Stunden lang warten, welche, als er nicht kam, davongingen. Bretonneau war mittlerweile sehr thätig in der Küche, wo er mit dem Koch die Bereitung eines besonderen Gerichts besprach. Ein Freund B.'s schrieb ihm einst und bat ihn, seinen persönlichen Einfluss in einer für ihn sehr wichtigen Angelegenheit anzuwenden. B. reiste sogleich nach Paris ab. Dort traf er auf dem Bahnhof einige Collegen an; man kam in's Gespräch, wissenschaftliche Fragen wurden aufgeworfen, zu deren Lösung Besuche im Museum, im Jardin des plantes und im Collège de France nöthig wurden. B. vergass vollständig den Zweck seiner Reise und kehrte nach Tours zurück, ohne den Freund besucht zu haben, in dessen Interesse er die Reise unternommen hatte. — War B. mit der Untersuchung eines Gegenstandes beschäftigt, so konnten ihn keine Hindernisse abschrecken. Während der Epidemie von Diphtheritis und Typhus widersetzten die Privatärzte von Tours sich seinen neuen Lehren und behaupteten, es sei ein grosser Unterschied im Verlauf der Krankheiten im Hospital und in der Privatpraxis. Wie konnte er ihnen beweisen, dass sie im Irrthum waren? Allein das Ergebniss der Leichenöffnungen konnte sie überzeugen. Aber die Angehörigen der Verstorbenen widersetzten sich der Vornahme von Sectionen und die Hausärzte drangen nicht mit der nöthigen

Energie darauf. B. hielt sie für unumgänglich nöthig und wurde zum Resurrection man. *) Von einer kleinen Schaar von Schülern begleitet, unter denen Velpeau sich befand, überstieg er bei Nacht mit Leitern die Mauern der Kirchhöfe und machte auf diese Weise 36 heimliche Leichenöffnungen in wenigen Monaten. Die rührigen pathologischen Anatomen erregten bald den Verdacht des Volkes und einigemal wurde sogar auf sie gefeuert. Velpeau trägt noch ein Schrotkorn im Schenkel, welches ihn bei einer dieser nächtlichen Expeditionen traf. Aber die wissenschaftliche Streitfrage wurde auf diesem Wege gelöst, denn es fand sich, dass die organischen Veränderungen bei denen, welche im Hospital und bei denen, welche zu Hause starben, vollkommen gleich waren. Nachdem B. zu gewissen allgemeinen Ergebnissen gelangt war, erwartete man, er werde Abhandlungen in Zeitschriften liefern, Denkschriften der Akademie zusenden und so seinen Ruf in der medizinischen Welt literarisch begründen, aber er that nichts der Art, sondern theilte im Gegentheil dem ersten Besten, mit dem er zusammentraf, seine Entdeckungen mit, so dass er leicht um die Früchte seiner mühevollen Nachforschungen hätte gebracht werden können. Nur durch das Drängen Trousseau's und Velpeau's konnte er bewogen werden, etwas niederzuschreiben. Sein Beweggrund bei dieser Schweigsamkeit war weder falsche Bescheidenheit noch alberner Stolz, sondern seine natürliche Gleichgültigkeit gegen jede Art öffentlicher Auszeichnung. Er wurde zum Mitglied der Akademie der Medizin und des Institut de France gewählt, ohne die geringsten Schritte wegen dieser Ehre gethan zu haben, welche so eifrig von Andern gesucht wird. Er dachte nie an diese gelehrten Körperschaften, wenn er nach Paris kam, und hat kaum einmal ihren Sitzungen beigewohnt. Das Ministerium machte ihm die glänzendsten Anerbietungen, um ihn zu bewegen, den ersten

---

*) Ein Mann, der sich (in England) mit dem Rauben von Leichen aus den Gräbern zum Zweck des anatomischen Studiums befasst.

Lehrstuhl der inneren Klinik an der medizinischen Schule
zu Tours anzunehmen, aber er liebte nicht vorzutragen
und flüchtete nach seinem reizenden Garten zu Palluan,
um dem Andrang der Patienten zu entgehen.

B. war der Mann der gewissenhaftesten Forschung im
Einzelnen und jeder Gegenstand, welchem er diese ange-
deihen liess, ist verbessert und vervollständigt aus seiner
Hand hervorgegangen. Grosse Probleme der Philosophie
im Allgemeinen und abstracte Fragen waren nicht nach
seinem Geschmack. Durch den Reichthum seiner Kenntnisse und seinen gutmüthigen Sarcasmus war seine Unterhaltung belehrend und anziehend.

B. hätte ein ungeheures Vermögen ansammeln können,
aber er war ebenso unbekümmert hinsichtlich des Geldes
wie in Bezug auf den Ruhm. Es verschlug ihm nichts, ob
seine Kranken bezahlten oder nicht und er konnte nie dazu
gebracht werden, eine Summe zu bezeichnen, welche er
als den angemessenen Lohn seiner ärztlichen Dienste betrach-
tete. Erhielt er auch zuweilen sehr bedeutende Honorare,
so gab er das Geld dem ersten Besten hin, der ihn darum
anging, und lebte sorglos von Tag zu Tag weiter.

Seine Anhänglichkeit an Freunde und Verwandte war
grenzenlos und deren Befinden wirkte auf seine glückliche
oder unglückliche Gemüthsstimmung ein. Er wurde einmal
ohnmächtig, da ein Freund an Empyem durch Hr. Goyrand
operirt wurde, und dasselbe widerfuhr ihm, als er Roux's
Messer erblickte, der im Begriff war, einen von B.'s Verwandten zu operiren. Dies hinderte jedoch B. nicht, an
Fremden ohne Zögerung Operationen zu verrichten mit der
Geschicklichkeit und Sicherheit eines vollkommenen Wundarztes.

VIII.

Zur Culturgeschichte der deutschen Bäder.[*]

EINLEITUNG.

Es liegt wohl ursprünglich in der Doppelnatur des Badens als eines diätetischen Mittels und zugleich als einer Annehmlichkeit begründet, dass bei Griechen und Römern die Bäder zugleich Stätten der Unterhaltung wurden; in der römischen Kaiserzeit erreichte diese Verbindung eine solche Vollendung, dass die Bäder des Caracalla in grossartigster Weise alle leiblichen und geistigen Genüsse vereinigten.

Auch das Mittelalter pflegte den geselligen Charakter des Badens, wenngleich in schlechter Weise, und die Satyriker jener Zeit finden reichen Stoff, die Sittenverderbniss zu geisseln, welche sich an die Badestuben der Städte und an die Badeorte knüpfte. Das Auftreten der Syphilis liess an der Scheide des 15. u. 16. Jahrhunderts das gemeinsame Baden und die Anzahl der Badeörter überhaupt beschränken, dagegen begann seit dem 16. Jahrhundert eine chemisch-therapeutische Behandlung der Bäder, welche deren spe-

---

[*] Einleitung, Schwalbach, Pyrmont, Spa, Baden zuerst gedruckt in der „Zeitschrift für deutsche Culturgeschichte, herausg. von J. Müller und J. Falke" (Nürnberg, J. Merz) und zwar die beiden erstgenannten Bäder im Jahrg. 1856, S. 443 ff., die beiden letzteren im Jahrg. 1857, S. 324 ff.

Schwalbach erscheint hier in erweiterter Bearbeitung mit Benutzung des ausgezeichneten Werkes von Dr. A. Genth: Der Kurort Schw. eine historisch-topographische Skizze. Wiesbaden u. Schw. 1864.

cifische Heilkräfte wissenschaftlich begründen sollte. Je mehr die Verweichlichung der Zeit im 17. und 18. Jahrhundert die einfachste Form der diätetischen Bäder, die Flussbäder, verdrängte, desto mehr bildete die Lehre von den Heilbädern sich aus und bei dieser Wendung der Dinge war es schon auffallender, dass unsere Bäder neben dem Sammelplatz wirklich Kranker zugleich die vereinigten, welche sich blos unterhalten und vergnügen wollten und die sonst die Nähe von Leidenden nicht gerade aufzusuchen pflegen. Die Verbindung zwischen beiden so verschiedenen Elementen ist auch wirklich nirgends so vollkommen vollzogen worden, als in Deutschland, was theils in der schönen und dem europäischen Publikum bequemen Lage, theils in der Pflege begründet sein mag, welche die Territorialzersplitterung den einzelnen Bädern zuzuwenden erlaubte. Wir finden die Krone des Heil- und die des Luxusbades nur selten auf demselben Haupte vereinigt, dagegen sehen wir dieselben ihre Stelle wechseln. Ein Bad, das wir Jahrhunderte lang als Luxusbad gesehen, wird im folgenden ohne im Ansehen zu sinken, nur von Hülfsbedürftigen besucht; die Ursachen davon werden bei den einzelnen Stellen angegeben werden, so weit sie nicht blos dem unberechenbaren Gebiet der Modelaune angehören.

Einfacher und weniger der Erklärung bedürftig ist der andere Fall, wo masslose Reclame und der Reiz des Spiels eine bescheidene Najade, welche der näheren Umgebung Heil spendete, zu einer von allen Schönheiten der Natur und Kunst umgebenen Solondame umgestaltete. Wir würden uns zu weit von unserm culturhistorischen Gebiet in andere Fächer entfernen, wollten wir auseinandersetzen, wie unvereinbar, wenigstens auf engem Raume, die Kategorien Luxusbad und Heilbad sind; wir machen nur noch darauf aufmerksam, dass es sehr von der Natur der Krankheiten, gegen welche ein Badeort empfohlen wird, abhängt, ob neben den eigentlichen Badegästen auch noch Liebhaber der Villeggiatur oder Sommerfrische sich einfinden. Dies letztere Publicum wünschten wir streng von jenem getrennt zu sehen, welches, wofern die Spielsäle auch im Winter geöffnet sind, das ganze Jahr daselbst verweilt und damit genugsam beweist, wie gänzlich sein Interesse von allem abliegt, was mit der heilenden oder diätetischen Seite des Bades zu schaffen hat.

Wir werden im folgenden einige Luxusbäder vom 16.—18. Jahrhundert zu schildern versuchen; die grossen socialen Verschiedenheiten des damaligen und heutigen Badelebens werden dabei zu Tage kommen. Wir wählen Schwalbach und Pyrmont, Spa und Baden im Aargau, welche alle vier die Rolle von Luxusbädern ausgespielt haben in dem Sinne wie heutzutage Homburg oder Baden-Baden als solche gelten. Spa gehörte in der Zeit seiner Blüthe zum deutschen Reiche (Hochstift Lüttich), Baden liegt in deutschem Sprachgebiet und war von Süddeutschen vielfach besucht.

I. Schwalbach.[*]

Nach Dr. Genth, welcher sein unten bezeichnetes Schriftchen selbst als einen „kleinen Beitrag zu der gewiss höchst interessanten, noch nicht bearbeiteten allgemeinen Culturgeschichte der deutschen Bäder" gibt, glänzte Schw. von der Mitte des siebzehnten bis in die zweite Hälfte des achtzehnten Jahrhunderts in der Reihe der ersten Luxusbäder Deutschlands.

Seit 1568 war Schw. in Aufnahme gekommen durch die ärztlichen Bemühungen und Empfehlungen des Dr. Jacob Theodor zu Worms (nach seinem Geburtsort Bergzabern gewöhnlich Tabernämontanus genannt) in seinem „Wasserschatz."

Auch dem Kurfürsten von Sachsen, August, welcher in 1583 längere Zeit krank gewesen war, wurde von seinen Leibärzten Schwalbach empfohlen, doch wünschten sie zuvor

---

[*] Zur Geschichte der Schw. Mineralquellen. Von Dr. A. Genth. Wiesbaden 1853. — Amusemens des Eaux de Schwalbach, des Bains de Wiesbaden et de Schlangenbad. Liège 1738.

Kunde darüber, „ob auch Leute in des Kurfürsten Alter (Aug. stand damals im 57. Lebensjahre) und die sonst Wassertrinkens nicht gewohnt, diesen Brunnen zumal nüchtern schon gebraucht hätten, und ob man die Leute nach Nothdurft und genugsam purgiren und reinigen müsse von allerhand überflüssigen Feuchtigkeiten, so in ihren Leibern hin und wieder stecken möchten." Diese Kunde zu erlangen schrieb August im April 1583 an die Landgrafen Wilhelm zu H.-Cassel und Philipp zu H.-Rheinfels; die erhaltenen Antworten befriedigten die Aerzte, und die Badereise des Kurfürsten wurde beschlossen, aber bis zur Ausführung waren noch grosse Schwierigkeiten zu überwinden. Die hauptsächlichste war das Unterkommen an Ort und Stelle, denn die befreundeten Fürsten, deren Rath August in Anspruch nahm, wichen in ihren Ansichten und Vorschlägen über den zu wählenden Ort zwar ab, kamen aber darin überein, dass der Kurfürst sich in dem Dorfe Langenschwalbach nicht werde behelfen können, weil die Gelegenheit da gar zu geringe und enge sey. Zu Lösung dieser Zweifel wurde daher ein vertrauter Mann, der Furier Neumann, mit einer Reiseroute versehen, zu Pferde im Frühjahr 1583 abgesandt. Bis zum Herbst d. J. setzte Neumann seine Nachforschungen fort. Ueber Schw. schrieb er: es hat geringe Häuser und arme Leut, sind eitel Tuchweber. Das Rathhaus daselbst hat nur eine Stube, ist auch sonst übel verwahrt und allenthalben offen, es soll sich auch allerhand loses Gesindel allda aufhalten. Wollte der Kurfürst daselbst liegen, so könnte man die Stube mit Brettern abschlagen, so erhielte man eine Stube und Kammer, beides 14 Ellen lang und 8 breit. Ausserdem ist noch ein klein Stüblein und Küchlein vorhanden und oben darüber ein grosser Boden, den man auch in Kammern abschlagen könnte. Die 200 Pferde des Kurfürsten könnte man unterbringen. Bleidenstadt fand N. als ein alt verfallen Kloster, etliche geringe Häuser umher. Wiesbaden wäre wohl geeignet zur Unterkunft, da Schloss und Städtlein wohl verwahrt und gebauet, auch gute Unterkunft für die Pferde und reichliche Versorgung mit des Lebens Nothdurft, wenn es nicht zu weit von Schw. entlegen wäre. Ueber das Schloss Adolfseck äusserte der vorsichtige Neumann Bedenken, weil daselbst neulich Personen an der Bestia (Pest) gestorben, auch das Schlösslein nur drei Stuben und Kammern über einander habe und die andern Gebäude zum Theil bös und baufällig seyen. — Endlich berichtet Neumann über das kurmainzische Schloss zu Elfeld, es sey wohlverwahrt, habe gute Luft, der Rhein fliesse daran vorbei, es habe feine Gemach, auch könne das Wasser aus Schw. täglich geholt werden, indem man in den dazwischen liegenden Dörfern die Träger wechsele. — Der Kurfürst zu Mainz stellte sein Haus zu Elfeld, auch, falls es zu eng befunden werde, die Martinsburg in Mainz dem Kurfürsten von Sachsen zur Verfügung. August wählte Elfeld (Alta Villa), aber über alle die Ermittelungen und Verhandlungen war der Winter herbeigekommen und erst im Mai 1584, mehr als ein Jahr, nachdem die Vorbereitungen begonnen hatten, konnte der Kurfürst August die Reise antreten.

Es waren an Wagen- und Reitpferden, einschliesslich der 33 Pferde für die bewaffnete Bedeckung und der 16 kurfl. Leibpferde, nicht weniger als 225 Stück erforderlich. Der Tagemärsche bis Elfeld waren 18, fast genau soviel wie heute Stunden. Die Reise ging über Grossenhayn, Mühlberg, Eilenburg, Leipzig, Weissenfels, Pforta, Eckartsberge, Weissensee, Langensalza, Cassel etc.

An der hessischen und mainzer Grenze harrte ein bewaffnetes Geleite des Reisezugs. Der Kurfürst von Mainz kam einige Tage vor Augusts Ankunft selbst nach Elfeld und versorgte das Schloss mit Wein, Hafer und Korn. Heu und Stroh hatte N., der wieder vorausgeritten war, selbst zur Genüge eingekauft.

Der Landgraf Wilhelm der IV. zu Hessen ordnete an, dass während der Anwesenheit des sächsischen Kurfürsten zu Elfeld Tag und Nacht an dem Weinbrunnen zu Schwal-

bach eine Wache aufgestellt werden solle, damit der Brunnen
nicht verunreinigt werde.

Ueber den Aufenthalt des Kurfürsten in Elfeld mangeln
die Nachrichten, doch konnte es nicht fehlen, dass der erlauchte Badegast den Ruhm Schw.'s vermehrte und zu dessen
raschem Aufblühen beitrug. Die Lage Schw.'s war für die
damalige Zeit eine höchst glückliche. In Mitte der Besitzungen der begüterten und einflussreichen Grafen von Nassau-
Idstein, -Wiesbaden, -Weilburg, -Siegen, der Herren von
Limburg, Molsberg, Merenberg u. s. w. gelegen, begrenzt
von den reichen Kurfürstenthümern Mainz, Trier und Pfalz,
zwischen den Abteien Eberbach und Bleidenstadt, in der
Nähe des allezeit belebten Rheinstromes, nicht fern von
Frankfurt, welches durch seinen Welthandel sowie durch
die Wahl und Krönung der deutschen Kaiser zu den besuchtesten Städten Deutschlands gehörte, konnte Schw. auch
bei den früheren schlechten Wegen in kurzer Zeit leicht
erreicht werden. Nicht weniger sind die Verdienste der
Landesherrn anzuerkennen, welche für die Fassung der
Brunnen und Aufführung von Kurgebäuden thätig waren.
Nach dem Ausgang der Grafen von Katzenellenbogen 1479
fiel die Niedergrafschaft mit Schw. an Landgraf Heinrich III
von Hessen. In der Theilung der hessischen Lande unter
die Söhne Philipps des Grossmüthigen 1567 kam Schw. an
Hessen-Rheinfels, schon 1584 aber an Hessen-Cassel. 1626
an Hessen-Darmstadt, 1648 — 1806 abermals an Hessen-
Rheinfels unter hessen-casselscher Landeshoheit, 1806—13
stand es unter französischer Verwaltung, 1814 kam es an
Kurhessen, 1816 an Nassau. So erhob sich Schw. rasch
von der bescheidenen Stufe eines Heilbads zu einem Luxus-
bade ersten Ranges. Man fand sich aus allen Hauptorten Deutschlands, aus Holland, Frankreich, der Schweiz etc.
in den Sommermonaten gerne hier ein, denn Schw. ist ein
von Gott hochbegabter Flecken, welcher durch ganz Deutschland berühmt ist wegen seiner vielfältigen heilsamen Brunnen und Bädern, gesunden Luft und lustigen und vortreff-

lieben Gegenden" (Winkelmann, Beschreibung der Fürstenthümer Hessen und Hersfeld. Bremen 1711); Weiter berichtet derselbe, „er habe im Jahre 1711 eilf fürstliche und fünfzehn gräfliche Personen angetroffen." Das benachbarte M a i n z lieferte als Gäste viele geistliche Herren und von F r a n k f u r t berichtet der Verf. der· Amus. de Schw., dass die Frauen daselbst die jährliche Reise nach Schw. gleich im Ehevertrag festsetzen liessen. Dasselbe Buch entwirft folgendes Gesammtbild von dem bunten und geräuschvollen Kurleben in Schw. und trug gerade dadurch zur Verbreitung seines Rufes in Belgien und Frankreich bei.

„Man trifft unterweilen zu Schw. 600 Cavaliers und Damen von gutem Stande'an, ingleichen viel tausend Personen von dem zweiten Range. Ich bin der Meinung, dass mehr die gute Gesellschaft, als· die herrlichen Eigenschaften der Mineralwasser die Ursache sind, welche viel Leute von allen Ständen und Würden nach Schw. lockt. Denn man würde sich sehr täuschen, wenn man glaubte, dass alle diejenigen, welche diese Quellen besuchen, sie auch brauchen; der grösste Theil findet sich nur zum Vergnügen ein. Viele auch gehen dahin, um auf Unkosten grosser Herren, die offene Tafel halten, zu essen und fremde Weine zu trinken. So gastfrei sind die Fürsten von Nassau-Weilburg und von Thurn und Taxis, welche jährlich mit ihrem ganzen Hofstaat hierherkommen und täglich dann für 60—80 Personen Tafel halten." Der Fürst von Nassau-Weilburg bestritt auch die Kosten von Concert und Ball, der von Taxis die der Oper, welche alle zwei Tage Statt fanden und für alle Kurgäste zugänglich waren, doch durfte nur der A d e l auf den Bällen t a n z e n. Bei den Concerten wirkten die Hofkapellen beider Fürsten zusammen, 60 Personen stark. An Vergnügungen, welche Geld kosteten, gab es ein deutsches Schauspiel und eine öffentliche Kurmusik, welche an den Brunnen und bei Tafel spielte.

Das G l ü c k s s p i e l wurde so eifrig betrieben, wie nur jetzt in Baden und Homburg. Man spielte oft an 30 Tischen zugleich, mit hohen Einsätzen von Geld; Bankhalter waren oft Sachsen und Piemontesen zweideutigsten Charakters. Concerte, Bälle, das Spiel und die Oper waren in dem damals Leppert'schen Hause, dem jetzigen Alleesaal. So trug das Spiel, zum Unterschied von heute, den rein geselligen, exclusiven Charakter der anderen Vergnügen; das Badepublicum spielte unter sich, man speculirte nicht mit hochobrigkeitlicher Bewilligung auf die Dreissig-Kreuzerstücke der Bauern, Handwerksbursche, Lehrlinge, und Kaufmannsdiener. —

Kehren wir zum Verf. der Amus. de Schwalb. zurück, so finden wir schon bei ihm die culturhistorisch interessanten Bemerkungen von der ungeheuern Menge der Badeorte in Deutschland und von dem enormen Kleiderluxus in denselben, welchen zu entfalten Niemanden in Frankreich an ähnlichen Orten einfallen würde. „Die deutschen vornehmen Herrn und ihre Gemahlinnen legen zu Schwalb. alle ihre Reichthümer aus. Sie lassen sodann dasjenige sehen, was sie von bester Wäsche, von Kleidern, von Diamanten besitzen; Winter- und Sommerkleider, alles kommt zum Vorschein, welches an den Tagen. wann Ball und Concert ist, einen schönen Anblick gewährt, wie denn auch an den Namens- und Geburtstagen der zu Schwalb. anwesenden Fürsten Gala gehalten wird."

Der Glanz des Curlebens lockte Verkäufer aus Frankfurt und Nürnberg, Juweliere aus Genf hierher, welche ihre Waaren in Buden neben dem Weinbrunnen feilboten und vorzügliche Geschäfte gemacht haben sollen, besonders indem Geschäftsfreunde von ihnen unter dem Titel vornehmer Badegäste den deutschen Edelleuten als Rathgeber bei ihren Einkäufen beistanden. Ausser diesen Industrierittern und den falschen Spielern gab es auch gewöhnliche Diebe, welche den Damen aus Artigkeit die silbernen Becher, aus denen sie getrunken, abnahmen, und damit verschwanden. Im Vergleich zu Schw. findet der Berichterstatter die Wohnungen, sowohl in Gast- als Privathäusern, in Wiesbaden schlecht, Wiesbaden überhaupt so traurig, dass es (für den Vergnügungssüchtigen) nur als eine Station von Schw. erscheine. Doch warnte der Verf. vor den Aerzten in Frankfurt und Mainz, welche als Häuser- oder Insatzbesitzer die Badegäste in die Wohnungen Schw. wiesen, an deren Besetzung sie Interesse hatten. Der alte Jammer, der noch heute alle Fremden in Verzweiflung bringt, von den schlechten deutschen Betten mit ihren warmen Federpfühlen und zu kurzen Bettladen, kommt auch schon vor.

Damit man die Ankunft angesehener Fremden erfahre, hatte ein alter Soldat eine kleine Festung aufgeworfen und die Wälle mit kleinen Kanonen besetzt, welche er abbrannte, wenn er ein Fuhrwerk oder einen Reiter sich nahen sah. Die Tageseintheilung war die, dass man früh 6 oder 7 Uhr den Brunnen besuchte, wie die vorhandenen Abbildungen zeigen, im grossen Staat, mit Reifrock und Perrücke, nur der Degen musste zu Hause gelassen werden. Den Juden war ein eigener Platz am Brunnen angewiesen und durch eine Aufschrift bezeichnet. Auf eine specielle Verfügung des Landgrafen Ernst ($\dagger$ 1693) mussten sie 14 Schritte vom Brunnen entfernt bleiben und durften das Wasser nicht selbst schöpfen. Um diese Stunde bis nach 9 Uhr nahmen auch einige Gäste ein Bad. Die Hauptmahlzeit fand Vormittags um 11 Uhr Statt und bildete eine der wesentlichen Beschäftigungen des Tages. — Nach derselben ging man in die Allee, in den grossen Spielsaal an derselben oder in einen im unteren Theil des Ortes gelegenen kleineren Saal, in welchem in der Regel um niedrigere Summen gespielt wurde. Die Nachmittage benutzte man ausserdem zu Ausflügen in der Nachbarschaft, zumal nach Schlangenbad. Auf dem Rückweg sprach man um 4 oder 5 Uhr regelmässig auf der „Schwalbacher Börse" ein, dem Platz zwischen der katholischen Kirche und der güldenen Kette, wo man immer Gesellschaft fand. Die Aerzte waren nicht einig darüber, ob das Abendtrinken um 5 Uhr zweckmässig sei: 7 Uhr wurde als Stunde des Abendessens festgehalten, dann kamen

Oper oder Schauspiel, Concert oder Ball und um 10 Uhr ging man zu Bette. Magenüberladungen wurden durch das Trinken des Wiesbadener Wassers an der Quelle geheilt. — Hiermit schliessen die Auszüge aus den Amus. de Schw. Ueber die von Seiten der Aerzte vorgeschriebene Anwendung der Kurmittel des Ortes wissen wir, dass man sich damals nicht mit der einfachen schlichten Anwendung des Wassers begnügte, wie wir sie heutzutage sehen; diess passte nicht in die Zopfzeit der Latwergen und Tisanen, sondern man verband mit dem Mineralwasser eine Masse von Arzneimitteln, welche die stärkende, erregende und verstopfende Wirkung desselben neutralisirten oder verhüteten. So war z. B. eine ganz gewöhnliche Ordination, vor Beginn des Gebrauches der Schw. Cur einen Aderlass zu machen, diese Operation auch zwischendurch zu wiederholen, eine drei- bis vierwöchentliche schwächende Vorbereitungscur in Molke, Kräutersäften etc. vorauszuschicken, fast täglich während des Wassertrinkens eröffnende und blutverdünnende Mittel zu gebrauchen und auf Schw. einen zwei- bis dreiwöchentlichen Gebrauch von Wiesbaden folgen zu lassen. Man pflegte auf der Höhe der Cur 60 bis 70 Unzen täglich zu trinken, doch brachten es Manche auf das Mehrfache dieser Wassermenge. Vergleicht man diese Quantitäten, auch mit Rücksicht auf die, in Folge der schlechten Fassung, schwächere Beschaffenheit des Wassers, mit der heute üblichen, und nicht minder das sechs- bis achtstündige Baden in Quellen, wo der Kranke heute höchstens $3/4$ Stunden verweilt (z. B. in Baden im Aargau, in Leuck), so erkennt man die Macht der medicinischen Mode. Unser Glauben an die vorwaltend der chemischen Beschaffenheit der Bäder zuzuschreibende Wirkung der Badecuren muss wankend werden, wenn wir durch Fenner erfahren, wie die Bäder noch im Anfang dieses Jahrhunderts bereitet wurden, obgleich ihnen damals dieselbe Wirkung wie jetzt zugeschrieben wurde. Zwei Jahrhunderte lang hatte man die Eisenbäder aus dem

Brodelbrunnen und zwar, wegen dessen angeblicher Stärke, mit heissem Wasser verdünnt, bereitet; als aber die chemische Analyse nachwies, dass der Brodelbrunnen keine Spur von Eisen, sondern nur Kohlensäure enthielt, fing man an, den Wein- und Stahlbrunnen, zwei wirkliche Eisenquellen, zu Bädern anzuwenden. Die Bereitung derselben geschah in der unpassendsten Weise. Eine Heerde schmutziger Weiber trug frei und unbedeckt eine Anzahl Wasserzüber und Bütten herbei, über deren Inhalt keine Controlle stattfand, und mischte im Zimmer des Badegastes etwas zusammen, was den Namen eines Stahlbades trug. Der Arm einer der Matronen war der Bade-Wärmemesser, gegen dessen Orakelspruch kein Protest half. Durch Fenners Bemühungen ist nicht nur schon vor 60 Jahren eine wesentliche Verbesserung erzielt worden, sondern gegenwärtig gehören die Schwalbacher Bäder in dem 1828 mit dem Aufwand von 200,000 fl. erbauten, 1856 erweiterten Badehause zu den vortrefflichsten der Art.

Wir ziehen noch ein Buch heran, ohne Jahreszahl, aber jedenfalls in der zweiten Hälfte des 17. Jahrhunderts erschienen: Symbolica in Thermas et acidulas reflexio. Apud N. Person. Moguntiae. 4⁰.*) Es betrifft Schwalbach, Schlangenbad, Wiesbaden und Ems, doch weit vorherrschend das erste, so dessen hervorragende Stellung abermals bestätigend. Es sind 52 Kupfertafeln von folgender Eintheilung. Zuerst ein deutsches Distichon, dann ein rundes Bild mit lateinischer Randschrift, dann zwei lateinische, hierauf 8 deutsche, endlich 4 französische Verse, alle in der beliebten allegorischen Manier jener Zeit „mit wenig Witz und viel Behagen", viel Derbheit und Lüsternheit ein Thema ausführend, das in irgend einer Beziehung zu den Quellen, ihrer Wirkung, Erscheinung u. s. w. steht, z. B. die Blasen Schw's. mit der Nichtigkeit alles Irdischen zusammenbringend. Indess

---

*) Auf der Dr. Senckenbergischen Bibliothek.

finden sich folgende einzelne Züge, die zur Characteristik Schw's. benutzt werden können.

Hier leget selbst der Abt die Würfel auf den Tisch.

Hätt' Schwalbach nicht den Käs, das Wasser und das Brot*),
Der Krebs hielt Regiment und hiess bald: helf dir Gott!

Der Prätext einer Cur macht viel nach Schwalbach laufen,
Den Buhler um die Hur, den Krämer zu verkaufen,
Den Freier um ein Weib, den Spieler zu gewinnen,
Die Herrn zum Zeitvertreib und was sonst möcht ersinnen.

Der Mann schafft Tag und Nacht, badet in seinem Schweiss,
Alles die Frau verzehrt in ihrem Bad mit Fleiss.

Zu dem Bild: eine Maske mit kupfriger Nase bratet auf einem Rost, unter dem Bachus das Feuer schürt, während Thetis sie mit Wasser begiesst:

Was hilft es, seine Hitz zu löschen mit dem Saufen
Und nach erhaltnem Sieg dem Feuer doch nachlaufen?

Aehnlich ist ein anderes poetisches Produkt, welches fast ein halbes Jahrhundert zur Unterhaltung der Curgäste gedient hat, denn wir kennen davon drei Ausgaben (auf der Dr. Senckenberg. Bibl.).

 I. Das Schwalbacher Sommer-wehrende Perpetuum mobile. Das ist: Die wahre Abbildungen des Apollinis träumende Betrachtungen, was nemblich vor wunderbarliche Grillen daselbsten Zeit-wehrender vieler Menschen brauchender Cur, sich regen, bewegen, zu sehen und zu passiren pflegt. Gedruckt im Jahre 1690, 4°, 24 S. (Auf dem Titel ist handschriftlich bemerkt: Von dem Frankfurter Stadt-Obristen Joh. Albrecht Jormann.)

 II. Derselbe Titel, gedruckt i. J. 1701. 8° 16 S.

---

*) Auch in Amus. de S. ist das Brod als im Ruf vorzüglicher Güte stehend erwähnt.

III. Aufgefangene Grillen bei der Brunnen-Kur zu Langen-Schwallbach, 1737, 4°, 16 S.

Wir sehen daraus, dass auch hier die Juden vor Verspottung nicht sicher waren, denn es heisst:

„Sobald ein Jud nur kam,
Den Läden naht herbei, stracks jeder Krämer nahm,
Den Fliegenwedel-Stock, zugleich ein jeder schlug
Fünf sechs und mehrer Schläg', und das war nit genug.
Sie klopften grausamlich, diess soll zur Schul bedeuten,
Die Juden insgesampt sich scheuten vor den Leuten,
Erschröcklich fluchten sehr." —

Die Bettler scheinen aus der ganzen Gegend zugezogen zu seyn und grosser Duldung sich erfreut zu haben.

„Die Bettler Morgens früh, sobald der Tag ankommen,
So hat ein jeder bald, sehr fleissig eingenommen
Nach Ordnung seinen Platz, theils ruften kläglich zu,
Theils sangen aus dem Buch und liessen Niemand Ruh
Dem der vorüberging; sehr schelmisch theils aussahen,
Erbärmlich andre auch, Almosen zu empfahen,
Gebrechlich waren theils, auf Achseln liessen sich
Durch andere tragen bei und theils elendiglich,
Bald auf dem Arm, dem Rück, auf einem Reff gar tragen,
Auf Eseln ihrer viel, auf Kärch,' Schubkarrn und Wagen,
So fuhren lahm daher, auf Pferden ebenfalls,
Und schrieen um die Wett aus ihrem bösen Hals.
Viel lagen auf der Erd, viel sonsten eingepacket
Mit jungen Kinderlein viel waren ganz vernacket,
Des Nachmittags wann's still, die Bettler Spiesse schnitzten,
Von gutem Holz zur Lust, Gänshölzer machten, spitzten,
Armbrust für Kinder auch, verkauften solche dann."

Viel Rühmliches weiss der Verfasser von der Geselligkeit zu melden:

„Ach angenehmer Ort! Ach Ort der vollen Freuden,
Zu dir sich junge Leut von weitem auch bescheiden,

Heirathen da gestifft, Gevatterschaften dort,
Viel neue Kundschaft macht, eh' man zieht wieder fort,
Er (Apollo) sah viel Wettungen, Anbindungen geschehen,
Discretionen auch und noch mehr Rahrs zu sehen,
Um Pferde spielte man, um Ringe und Pistolen,
Um Uhren und um Rohr, als ob man es gestohlen,
Die Schiess-Trucktaffel (Billard?) und das Rennen nach
              dem Ringe,
Das Schiessen mit der Büchs und noch viel andere Dinge,
Wirthschaften, Königsspiel, Balleten ohne Zahl,
Auch die Comödien bei Grossen überall."

 Wir haben nur weniges zum Schlusse hinzuzufügen.
 Die Kriegsgreuel am Rhein zertraten die Blüthe Schw's., und als mit der Berufung Fenner's von Fenneberg 1798 eine neue Zeit der Blüthe begann, wurde sie doch eine andere. Schw. wurde durch die Bemühungen Fenners und die Sorgfalt der Regierung nach wieder hergestelltem Frieden wieder ein berühmtes Heilbad, aber ein Luxusbad ist es nicht geworden, denn mit dem Reiche waren auch die drei geistlichen Kurfürstenthümer und die unzähligen männlichen und weiblichen geistlichen Stifter der „Pfaffengasse" am Rheine verschwunden, deren Insassen, mehr den Adel als die Geistlichkeit vertretend, hier Abwechslung in die gewohnten Genüsse gebracht und mit den Gesundheitszwecken zugleich einen jährlichen Congress verbunden hatten.

 Die Curzeit 1864 war die glänzendste, welche Schw. je erlebt. Am 25. Sept. zählte man 4198 Curgäste, darunter zwei Kaiserinnen. Zu dieser Zahl hatte Deutschland 2079 gestellt, Russland 883 (davon Petersburg 427), Grossbritannien 524, Frankreich 239, Amerika 149, Holland 146, die Schweiz 46, Italien 44, die Donaufürstenthümer 18, Belgien 13, Griechenland und Schweden je 13, die Türkei 12, Spanien und Ostindien je 3 und China und Aegypten je 2. Von diesen Curgästen sind angelangt im Mai 121, im Juni 1261, im Juli 1630, im August 964 und im Sept. 222.

2. Pyrmont.

Pyrmont's Heilquellen sind seit der Mitte des 14. Jahrhunderts benutzt worden und haben schon zu Ende des 15. einen gewissen Ruf im Ausland erlangt. 1556 aber begann ein wahrer Zulauf zu der wunderbaren heiligen Quelle, wovon die Chronikschreiber nicht genug zu melden wissen. Aus Spanien, Frankreich, England, Schottland, Norwegen, Schweden, Dänemark, Polen, Ungarn, Italien und Sicilien versammelten sich die Kranken. 1557 zählte man in 4 Wochen 10000 Menschen, welche, da sie in der Stadt Lügde und in den nahe gelegenen Dörfern keine Unterkunft fanden, ein Lager aufschlugen, das über ein Vierteljahr bestand. Viele auch kamen aus blosser Neugier. Der Zudrang veranlasste die Erbauung eines Gebäudes über den Brunnen, und die Einführung von Brunnengesetzen, welche in lateinischen und deutschen Versen an demselben angeschlagen wurden. Hermann Huddäus, Rector in Minden, der hier seine Genesung fand, hat diese für Pyrmont merkwürdige Zeit in einem lateinischen Gedichte besungen. (Elegia H. H. Mindensis de fonte Pyrmontano Hamelensi 1556. Lemgo 1718). Der Zulauf nahm seit jener Zeit ab, und etwas mag auch das vielverbreitete Buch desselben Mannes, der Schwalbachs Aufschwung beförderte, des Tabernämontanus, dazu beigetragen haben, welcher den Pyrmonter Brunnen als giftig verschrie. Die zweite Blüthe von P. begann mit dem westfälischen Frieden, besonders mit 1668, wo der Graf Georg von Waldeck die grossen Anlagen und Bauten begann, welche noch jetzt wesentlich den Charakter von Pyrmont bestimmen. Im Jahre 1681 waren an 40 königliche und fürstliche Personen hier versammelt, darunter 28 Altesses (Vergl. Mercure galant. August 1681). Es war dabei der grosse Kurfürst Friedrich Wilhelm von Brandenburg mit seiner Gemahlin, der Herzog, nachmals Kurfürst von Hannover, die Herzoge von Celle und von Braunschweig, der Landgraf Carl von Hessen-Cassel, Erbauer des Weissensteins, der Prinz Georg von Dänemark, nachheriger Gemahl der Königin Anna von England, dann der Kurprinz von Hannover, nachher Georg der I. von England und seine Schwester, die berühmte Sophia Charlotte, erste Königin von Preussen, Grossmutter Friedrichs des Grossen, die Prinzessin von Celle, Mutter Georgs II., die Königin von Dänemark mit ihrer Tochter, die Kurfürstin von der Pfalz etc.

Da man sich über den Rang an der fürstlichen Tafe nicht einigen konnte, so wurden die Plätze nach dem Loos vertheilt. Man kann sich denken, welchen Zufluss von Neugierigen diese Versammlung herbeiführte. Im 18. Jahrhundert war Peter I. mit dem Grossfürsten (1716), Georg I. von England sechsmal, der König Friedrich von Schweden aus dem Hause Hessen-Cassel (1732), und Friedrich der Grosse zweimal als Curgast in Pyrmont (1744. 1747).

Von den socialen Verhältnissen P's geben einzelne Züge aus Marcard's Beschreibung von P. 1785 einen Begriff.

Das Spiel scheint ziemlich stark betrieben worden zu sein, wenn gleich M. einen Seitenblick auf „irgend ein anderes grosses Bad" wirft (I. 64), wo es damit noch ärger gewesen zu sein scheint. Er tadelt die, welche „gleich nach dem Frühstück an den Spieltisch fallen und wie angeleimt daran sitzen." (II. 299). „Beträchtlichen Verlust," fährt er an einer anderen Stelle (II. 320) fort, „erträgt nicht leicht jemand ohne Missvergnügen, wenn er auch etwas zuzusetzen hat. Wer aber nicht viel zu verlieren hat, und wer gar noch dazu krank ist, und dadurch empfindlicher, der handelt wie ein Narr, wenn er sich durch den ausgelegten Köder verlocken lässt, am Pharotisch zu verlieren, was er mitgebracht hat, um sich dadurch Gesundheit zu erkaufen etc. Weiter sagt Marcard (I. 64): Man hat die Wahl unter zwei grossen privilegirten Pharobänken, denen jedermann den Ruhm der grössten Regelmässigkeit gibt, der übrigen nicht zu gedenken. Die Zeit dazu ist Vormittags nach dem Frühstück, gegen Abend und zuweilen auch nach dem Nachtessen, aber nur selten für einige Nachtvögel spät in die Nacht hinein."

M. klagt ferner über den übermässigen Putz der Damen, deren steifer Anzug sie zu einer jeden Bewegung, mit Ausnahme eines Spaziergangs in der Allee, unfähig mache. Wir haben gesehen, dass Schwalbach auch ein Adelsbad war, dennoch finden wir keine Klagen über dessen Abschliessung, wie sie von Pyrmonts Blüthezeit bis in unsere Tagen hineinklingen; M. sucht zwar mit einer langen philosophischen Abhandlung diesen schon damals häufig gemachten Vorwurf abzuwälzen, aber mit wenig Glück. So ist der als Entlastungszeuge angeführte P. II. Sturz in der Stelle: „Selbst in Pyrmont habe ich mit dem Adel gefrühstückt, und jedermann weiss doch, dass meine Grossmutter nur eine Predigerstochter war" offenbar nur ein Zeuge mehr durch das ironische „Selbst" (vergl. Marcard a. a. O. I. 81 — 110). Nach K. F. H. Strass (Pyrmont und dessen Umgebungen. Ein Taschenbuch für Kurgäste und Reisende P. 1850) bildet eine eigene Erscheinung in P. die grosse Zahl der Landleute, welche sich schon früh im Jahre und meistens auch sehr früh des Morgens einfinden, um eine Menge von Gläsern der Stahlquelle oder Salzquelle zu geniessen. Es gewährt einen eigenen Anblick, diese grossen, oft sehr kräftigen Gestalten in ihren sehr verschiedenen Nationaltrachten, besonders auch in ihren blauen oder weissen leinenen Kitteln einherwandeln zu sehen.

In ihren Wohnungen sollen dieselben oft in grosser Menge zusammen hausen, ja es soll, si fabula vera, aus Mangel an Schlafstellen häufig die Hälfte der Gesellschaft nur bis Mitternacht schlafen, während die andere, welche bis dahin spazieren geht, dann zur Ablösung erscheint. Höchst originell sind die Trachten der Bauernmädchen, deren manche mit goldenen und silbernen Ketten und mit Perlen ganz beladen sind.

3. Spa.*)

Dieser Badeort, welcher noch jetzt, im Besitze einer der wenigen ausser Deutschland bestehenden Spielbanken, wenn gleich in geringerem Grade als früher, den Charakter eines Luxusbades trägt, ist uns in dem unten verzeichneten Werke so vollständig zur Zeit seines höchsten Glanzes geschildert, dass wir nichts Besseres thun können, als die charakteristischen Züge den Lesern mitzutheilen. — Mochte man von Aachen oder von Lüttich kommen, von beiden Richtungen her gelangte man auf steilen, schmalen, schlechtgebauten Strassen in den Badeort, der den Unterschied zwischen Alt- und Neustadt noch festhielt. Die alte Stadt wird als eine Art Vorstadt geschildert, deren Bewohner durch bettelnde Kinder die Fremden belästigten. Man konnte um 1720 11—1200 Fremde in Spa beherbergen; das erste Gasthaus war die „Stadt London." Die Trinkkur begann sehr früh; schon um 4 Uhr versammelte man sich an dem Brunnen. Die Badegäste trugen, die Damen am Gürtel und die Herren am Knopfloch, ein kleines Zifferblatt mit 16 Punkten, und rückten bei jedem Becher den Zeiger um einen Punkt weiter. Sechzehn Becher oder zwei grosse Flaschen war die gewöhnliche Menge Pouhon-Wasser, welche verbraucht wurde. Die Kapuziner hielten ihre Späher in allen Gasthäusern. War ein angesehener Fremder angelangt, so erschien ein Pater mit dem Anerbieten, ob es ihm gefällig sei, in dem Klostergarten zu lustwandeln, natürlich nur ein Vorwand, um ein Geschenk zu erhalten, das aber der Pater, seinem Gelübde gemäss, nicht selbst in Empfang nahm, sondern bei einer Frau in der Stadt abzugeben bat. Das Geschenk betrug nicht mehr als 1—2 Ducaten. Einem alten Gebrauch zufolge mussten die Trinkgäste ihren Degen ablegen. Mit verzuckerten Aniskörnern und Orangenschalen suchte man den üblen Geschmack und die Kälte des getrun-

---

* Amusemens des eaux de Spa. Seconde édition. 2 Tomes Amsterdam 1735.

kenen Wassers zu vertreiben. Für die Bequemlichkeit der Trinkgäste war wenig gesorgt; statt einer Trinkhalle wie in Aachen, oder wenigstens Kieswege, war die schlecht gepflasterte Strasse der einzige Spaziergang der Kurgäste; destomehr waren die Hausbesitzer bedacht, ihr Haus mit dem Wappenschild der hohen Herrschaften zu zieren, welche hier gewohnt. Bei der Trinkquelle Pouhon befand sich ein grosser Saal, welcher des Morgens offen stand und für die Badegäste geheizt war. Ueber der Thüre dieses Saales war das Denkmal zur Erinnerung an die glückliche Kur Peters I. von Russland 1717 im Jahr darauf errichtet worden, eine hochtönende lateinische Inschrift auf einer Marmorplatte unter dem russischen Wappen. Wir übergehen ihren auch aus andern Werken bekannten Inhalt, sowie die Feierlichkeiten, womit der Erzbischof von Köln, zugleich Fürstbischof von Lüttich, den Zaaren in Spa empfangen liess. — Die Badegesellschaft bestand aus Holländern, Engländern, Franzosen, Angehörigen der österreichischen Niederlande und des römischen Reiches. Die geistlichen Würdenträger benachbarter Stifter und Abteien wirkten auf Güte und Dauer der Tafel hin, bei der ebenso reichlich gegessen als getrunken wurde; zahlreiche Abenteurer und Spieler von Profession füllten die Spieltische. Faro wurde mit „unglaublicher Leidenschaft" gespielt; unser Gewährsmann sah einen Spieler 170 Guineen in weniger als einer halben Stunde verlieren. An einem andern Tisch spielten Engländer Würfel.

Die Tageseintheilung eines Trinkgastes von Spa war folgendermassen geordnet: 1) man steht mit Tagesanbruch auf; 2) kommt um 4 Uhr im Morgenkleid an die Pouhonquelle; 3) um fünf Uhr fahren diejenigen, welche andere Quellen gebrauchen, dahin; 4) um 9 Uhr kleidet man sich an; 5) die Frommen gehen um 10 Uhr in die Messe; 6) um 11 Uhr machen die Herren einen Spaziergang bei gutem Wetter, oder begeben sich bei schlechtem Wetter in das Kaffeehaus; 7) um $11^1/_2$ Uhr wird gespeist; 8) um 2 Uhr macht man sich Besuche; 9) um 4 Uhr begibt man sich in's Theater oder man ergeht sich, entweder in dem Garten der Kapuziner, oder auf der „Vier-Uhr-Wiese;" 10) um sechs wird allenthalben zu Nacht gespeist; 11) um sieben macht man einen Spaziergang auf der „Sieben-Uhr-Wiese" und 12) um 10 Uhr hört man Niemand mehr auf den Strassen, mit Ausnahme der Tage, wo Bälle sind, welche aber nicht länger als bis Mitternacht dauern. Es ist nicht zu leugnen, dass, zumal da die Abendmahlzeiten sehr frugal zu sein pflegten, diese Tageseintheilung eine zweckmässige und den Erfolg der Cur begünstigende zu nennen ist. — Der Kapuzinergarten war nach französischer Weise angelegt, mit geschnörkelten Beeten und geschnittenen Laubwänden. In der Mitte war ein Springbrunnen so gebildet dass aus den Fuss,- Hand- und Seitenwunden eines Kruzifixes das Wasser hervorsprudelte. Die „Vier-Uhr-Wiese" verdankte ihren Ruf nur dem Mangel an Spaziergängen; bei Spa, wo Alles Felsen oder Berg ist, ist eine Rasenfläche von 3 — 4 Morgen etwas Erstaunenswürdiges. Von 3 Uhr an liegt sie im Schatten der benachbarten Berge und wird daher nur den Nachmittag besucht. Sie ist nahe bei der Stadt, begrenzt von einem raschen Bache und wurde zu Picknicks mit Musik benutzt. — Noch näher bei der Stadt, grösser und ebener, aber von weniger schönen Fernsichten, lag die „Sieben-Uhr-Wiese", wohin man sich Abends begab, nachdem die Kapuziner um 6½ Uhr ihren Garten geschlossen hatten, um der Hitze der Stadt zu entfliehen. Von Verschönerungen durch die Bewohner von Spa zum Besten der Fremden war an beiden Orten keine Rede. Sonstige Ausflüge der Kurgäste gingen 1) nach der Géronstère-Quelle, welche eine kleine Stunde südlich von Spa auf der Höhe in einem Walde entspringt. Der Graf von Burgsdorf, kurfürstl. Brandenburg. geh. Staatsrath, hatte zum Dank für seine Heilung 1651 die Quelle mit einem Tempel überbauen lassen. Dabei stand ein 1715 erbautes einstöckiges Gebäude mit zwei Zimmern, welche zur Unterkunft und

Erwärmung der Fremden während des Curgebrauchs der Quelle dienten. Ein gewaltiger Herd und Bänke an den Wänden bildeten die ganze Ausstattung, doch waren wenigstens einige Spazierwege durch den Wald gehauen. 2) Nach der Quelle Sauvenière, welche 1 Stunde seitwärts von der Géronstère, auch auf einer Höhe, $^1/_2$ Stunde von Spa entspringt. Dort war ein ähnlicher Saal wie bei der Géronstère erbaut, aber noch enger und schmutziger. Unser Gewährsmann erzählt, dass den Badegästen, welche sich über die ärmliche Ausstattung der weltberühmten Quellen verwunderten und sie mit den Anstalten bei Bath und Pyrmont verglichen, erwiedert wurde, bei der Unsicherheit der Gegend würden die wiederholten Versuche des Stadtraths von Spa zu besserer baulicher Einrichtung im Winter durch herumziehendes Gesindel vereitelt, welche sogar Thüren und Fenster mit fortnähmen. 3) Nach der Groesbeck-Quelle, gleich bei der Sauvenière, welche der Baron von Groesbeck, Domherr von Lüttich, 1661 hatte herstellen lassen; 4) nach dem Tonnelet, nahe bei dem Weiler Nivezé; 5) nach dem Schloss Franchimont (Frankenberg); 6) nach dem 3 Stunden entfernten Badeort Chaudfontaines, welcher ganz von dem Domkapitel von Lüttich abhing, so dass die Domherren über die Bäder verfügten und die Zeit der Abfahrt der Barke nach Lüttich bestimmten; 7) nach dem 3 Stunden südlich von Spa gelegenen Wasserfall von Coo, wo die Amblève sich 50 bis 60 Fuss hoch vom Felsen herabstürzt. Ein benachbarter Müller hatte eine Vorrichtung angebracht, das Wasser zu stauen, um den Wasserfall den Fremden in voller Pracht zeigen zu können. Er stürzte dann einen Hund in die Fluthen und ein Knecht von ihm hatte sich seit dem 7. Jahre geübt, kopfüber hineinzuspringen.

Gemalte und lackirte Holzarbeiten, sowie Arbeiten aus Glasperlen wurden damals, wie jetzt, vielfach von den Bewohnern von Spa verfertigt und als Andenken an die Fremden verkauft. — Der Ruhm der Quelle war bekanntlich so gross in England, dass Spa der allgemeine Ausdruck für einen Badeort wurde. So betitelte noch 1839 Granville sein Werk über die deutschen Heilquellen: The Spas of Germany.

Die Reihe der berühmten Badegäste begann 1577 mit Margaretha von Valois, der ersten Gemahlin Königs Heinrich IV., dann kam 1585 Heinrich III. von Frankreich, 1592 Alexander Farnese, Herzog von Parma, Karl II von England, ein König von Dänemark, ein Grossherzog von Toscana, Peter I. 1717, Kaiser Joseph II. und Prinz Heinrich von Preussen 1781. Nicht uninteressant ist es, das Bild von 1720 mit dem heutigen Zustande von Spa zu vergleichen, wie ihn Bädecker (Belgien, 4. Aufl. 1850) schildert. Das Ansehen der Stadt ist durch den 1807 stattgehabten Brand verändert und verschönert; die Wege sind verbessert, an schattigen Pflanzungen ist Ueberfluss. Das Gebäude am Pouhon mit der auf Peters I. Aufenthalt bezüglichen Inschrift ist 1820 erneuert worden. Noch bestehen die Promenade des quatre und die des sept heures, aber mit schattigen Baumgängen verschönert; die Waldquellen sind mit der Stadt und unter sich bequem verbunden; Kaffee- und Badehäuser bieten Unterkunft statt jener öden Hallen. Noch stehen über der Brücke am Wasserfall von Coo bettelnde Kinder mit Hunden, bereit gegen eine Belohnung diese in den Wasserfall zu stürzen.

4. Baden im Aargau.

Die ¼ Stunde von der Stadt Baden an der Limmat gelegenen Bäder waren schon den Römern bekannt. *)

Poggio, geb. 1380 im Florentinischen, † 1459 als Kanzler der Republik zu Florenz, begleitete den Papst Johann XXIII. auf die Kirchenversammlung zu Konstanz und besuchte von da aus, zur Heilung seines Chiragra, die Bäder zu Baden. An seinen Landsmann Niccolo Niccoli

---

*) Als Thermae Helveticae. Tacitus sagt von der Stadt: (Hist. I. 67.) locus in modum municipii exstructus, amoeno salubrium aquarum usu frequens.

(† um 1436) richtete er von dort 1417 einen Brief, welcher in seinen Werken (Poggii opera ed. Basil. p. 207) zuerst abgedruckt, seitdem öfter mitgetheilt worden ist. Man findet ihn in den historischen Erzählungen, die Denkungsart und Sitten der Alten zu entdecken (Zürich 1769), im deutschen Museum von 1779, S. 552, in der Badenfahrt von D. Hess, Zürich 1818, in den „Gesundbrunnen und Heilbäder" von Dr. Wetzler, Mainz 1822. II. 12 ff. etc. Aus diesem Grunde theilen wir nur die Hauptstellen desselben mit. Die Zahl der Badegäste gibt er fast auf 1000 an. Sie wohnten in den zahlreichen prächtigen Gast- und Badehäusern, die Zahl der öffentlichen und Privatbäder belief sich auf 30. Für die niedrigste Klasse des Volkes aber hat man zwei von allen Seiten freie Plätze, wo Männer, Weiber, Jünglinge und unverheirathete Mädchen, kurz alles, was von Pöbel hier zusammenströmt, sich zugleich baden. Eine Scheidewand sondert beide Geschlechter, doch steigen die Weiber vor den Augen der Männer nackt ins Bad. — Die Badebecken in den Privathäusern sind überaus schön, aber auch sie sind beiden Geschlechtern gemein. Sie sind zwar durch Bretterwände getrennt, aber diese sind von vielen Fenstern durchbrochen, so dass man zusammen reden, von beiden Seiten sich sehen und berühren kann, wie denn dies häufig geschieht. Ueber denselben hat man Gallerien gebaut, wo sich Mannspersonen zum Zuschauen und Plaudern einfinden. An vielen Orten gehen sogar Männer und Weiber durch einen Eingang ins Bad. Die Männer tragen Schürzen, die Weiber ein leinenes Gewand. Einige Bäder gebrauchen Männer und Weiber zugleich, die unter einander durch Bande des Blutes oder der Freundschaft verbunden sind. Man hält sich stundenlang in den Bädern auf und speist darin auf schwimmenden Tafeln. Man besucht täglich drei bis vier Bäder und bringt den grössten Theil des Tages mit Singen, Trinken und Tanzen zu. Selbst im Wasser setzen sich einige hin, spielen Instrumente und singen dazu. Die Frauenzimmer haben die Sitte; wenn Männer ihnen

von oben herab zusehen, dass sie scherzweise um eine Gabe
bitten. Man wirft ihnen kleine Münzen oder Blumenkränze
zu. — Ausser diesen Vergnügungen gibt es noch andere
von nicht geringem Reiz. Nahe am Flusse liegt eine grosse,
von vielen Bäumen beschattete Wiese. Hier kommen nach
dem Essen alle zusammen und belustigen sich mit mancherlei
Zeitvertreib. Einige tanzen, andere singen, die meisten
spielen Ball. — Baden war, wenn auch anderer chemischer
Zusammensetzung — Schwefelthermen, denen eine specifische
Wirkung gegen Unfruchtbarkeit zugeschrieben wurde — für
Zürich, was Schwalbach für Frankfurt. Von jeder der
beiden Städte erhielt sich die Sage, dass der Besuch des
Lieblingsbades der Frauen im Heirathsvertrag vorgesehen
sei. Auch Baden war ein Frauenluxusbad, wie
Schwalbach. Poggio fährt fort: „Unzählbar ist die Menge
der Vornehmeren und Geringeren, die nicht sowohl der
Cur, als des Vergnügens wegen hier zusammenkommen.
So sieht man eine grosse Anzahl sehr schöner Frauenzimmer,
ohne Männer, ohne Verwandte, nur in Begleitung zweier
Mägde und eines Dieners oder eines alten Mütterchens von
Muhme. Alle, so viel es ihre Mittel erlauben, tragen
Kleider mit Gold, Silber und Edelsteinen besetzt, als ob
sie nicht ins Bad, sondern zu einem kostbaren Feste gekommen wären. Auch Nonnen, Aebte, Mönche, Ordens-
brüder und Priester leben hier in Freiheit und Fröhlichkeit;
letztere baden sich wohl gar zugleich mit den Weibern,
tragen Kränze und vergessen jeden Zwang der Gelübde."
Mit Poggio's Schilderung treffen andere Zeugnisse und
bildliche Darstellungen, wie wir sie z. B. in Sebast. Münster's
Cosmographie (Ausg. von 1578, S. 552, Ausg. von 1598,
S. 571) und in Etschenreutter's aller heilsamen Bäder Beschreibung (Strassburg 1571, Titelkupfer) auf diesen Gegenstand bezüglich finden, zusammen. Schon im frühen Mittelalter war es, wie uns die mittelhochdeutschen Gedichte
belehren, Sitte, dass die Männer von Frauen im Bade
bedient wurden. Hübsch ausgemalte und nicht ohne lüsterne

Gedanken durchgeführte Schilderungen finden sich im Iwein 88, und Lachmanns Parcival 167 ff.*) Männer wurden auch in öffentlichen Badestuben nicht selten von Bademägden bedient, und Frauen von Badergesellen. Gegen den Unfug beim Baden eiferten die Genfer Reformatoren in Edicten, aber trotz ihrer Bemühungen hielten einige Bader in Genf noch bis 1544 an dem alten Rechte fest, in den Badestuben „Hübschlerinnen" und „fahrenden Fräulein" die Bedienung der Männer zu übertragen. —

Aus der „Badenfahrt" von David Hess fügen wir noch hinzu: „Die Chorherren der Karolinischen Stiftung zu Zürich fuhren häufig dahin und die Aebtissin des Stiftes zum Frauenmünster in Zürich, Anastasia von Hohenklingen, verkaufte 1415 einen grossen Meierhof, um aus dem erlösten Gelde die Kosten einer Badenfahrt bestreiten zu können. Die Klosterfrauen zu Töss erkauften sich im Anfang des 16. Jahrhunderts mit schwerem Gelde päpstl. Bullen und Indulgenzen, um nach Baden zu fahren und daselbst weltliche Kleider tragen zu dürfen. Der 1492 zum Abt in Kappel erwählte Ulrich Trinkler war berüchtigt durch seine dem Kloster höchst nachtheiligen Badenfahrten. Er hielt in Baden wochenlang und für mehr als 20 Personen offene Tafel und ward sogar des näheren Umgangs mit den daselbst befindlichen Nonnen beschuldigt. Er trieb es am Ende so arg, dass er aus seiner Abtei vertrieben ward." Noch zu Zeiten Heinrich Pantaleon's (Beschreibung der Stadt und Graveschaft B. sampt ihren heylsamen warmen Wildbedern. Basel 1578) badeten in einigen Bädern beide Geschlechter zusammen; es gab Badsuppen, Badewirthinnen, Badkönige, Badgerichte, die aus einem Schultheis, Statthalter, Seckelmeister, Schreiber, Kaplan, Nachrichter etc. bestanden. Den Zustand um die Scheide des 17. und 18.

---

*) Die juncfrouwen muosen gên
sine torsten da niht langer stên;
Ich wa'n si gerne heten gesehen,
Ob in dort unde iht waere geschen.

Jahrhunderts schildert das Buch Salomon Hottinger's, M. D., Thermæ Argovia-Badenses, d. i. eigentliche Beschreibung des herrlichen in dem Aargöw gelegenen warmen Bads zu Baden." Baden 1702. Auf Poggio und Pantaleon nimmt Hottinger vielfach Rücksicht; über des ersteren Schilderungen sagt er: „Was wurde dieser hochgestudirte Italiener erst dieser Zeit davon sagen, er wurde nicht Wort genug alles auszustreichen finden können. Indem zu seiner Zeit die Gelegenheit in Baden noch fast ein ganzes Chaos und gleichsam ein rechter Mischmasch muss gewesen sein, wie ein solches aus gedachter Epistola Poggiana unschwer abzunemmen. Danzumahl waren fast alle Bäder noch gemein, nun aber sind aus solchen gemeinen sonderbahre, und wohl condicionirte mit allen ihren Nothwendigkeiten ansehnlich versehene Bäder entsprungen." Die Bäder werden, wie Hottinger rühmt, jährlich von obrigkeitswegen genau besichtigt; es wird ferner ein Balbierer aus der Stadt je auf 6 Jahre bestellt, der im „Schröpfgaden" wohnt und auch etliche Schröpfer unter seinem Commando hat. Die Bäder zerfallen in die grossen am linken und die kleinen am rechten Limmatufer. Die grossen zerfallen wieder in die gemeinen Bäder, welche auf offener Strasse und unter dem freien Himmel sich mehrentheils befinden (Verenenbad und Freibad) und in die Privatbäder der Wirthshäuser.

„Das Verenenbad ist 34 Schuh lang und 20 breit. Den ganzen Sommer hindurch sind in demselbigen 40, 50, 60, 70 und mehr Personen ordinarie anzutreffen, alles arme, lahme, krumme, gebucklichte, auch angeloffene, aussätzige und sonstige ganz arbeitselige Personen. Die ansteckenden aussätzigen Personen werden von dem Aufseher der Bäder einen oder etliche Tage an einen von den Hauptquellen entfernten Ort verwiesen, bis sie von der gröbsten Unsauberkeit gereinigt sind." Das Verenenbad gilt für das wirksamste, weil es der Hauptquelle am nächsten liegt, desshalb bedienen auch vornehme Matronen, nach vorhergegangener Auswäschung, sich desselben bei Nacht. Dies gibt nicht nur Hottinger an, sondern die erwähnten Anmerkungen zu der Uebersetzung von Poggio's Brief im deutschen Museum von 1779 bestätigen es. Von dem Freibad sagt Hottinger: „Es heisst so, weil zu diesem Bad jedermänniglich, wer nur ehrlichen Thuns und Lassens ist, wess Lands oder Religion die Person sei, das ganze Jahr hindurch, Sommer und Winter, Früh und Spath in dem Jahr, ohn einigen Unkosten, freyer Zu- und Abtritt vergünstiget wird. In diesem Freybad befinden sich ohne Unterschied Junge und Alte, Weib- und Mannspersonen. Dieses Bad wird um so fleissiger, sonderlich von den Landleuten besuchet, weil sie sich darin billig können schröpfen lassen. Sie kommen in der dem Landmann bequemen Zeit vor oder nach dem Herbste und in dem Frühjahre, sonderlich an Samstagen, zu welchen Zeiten und Tagen 1—200 in diesem Bad anzutreffen sind, welche sich nur kurze Zeit darin aufzuhalten pflegen." — Indem Hottinger nun auf die Privatbäder übergeht, bemerkt er, dass dieselben sich von 40 bis auf 100 seit etwa einem Jahrhundert vermehrt hätten. Auch in den Höfen und Wirthshäusern seyen vordem gemeine (Voll-) Bäder gewesen und seyen es theils auch noch, jedoch sehr wenig anzutreffen. Diese Vollbäder, oder Badebecken seien theils den fürnehmeren Mannspersonen zugeeignet, andere den Weibspersonen, die dritten für die gemeineren Manns- und Weibspersonen zugleich gewidmet. Sie hatten ihr eigen Gericht (vergl. oben S. 79 die Stelle aus Pantaleon), jetzt aber seyen mehr absonderliche Bäder gemacht für etliche wenige Personen; solcher Bäder zählen einzelne Wirthshäuser 10, 15 bis 30. Die Badezeit zwischen Ostern und Herbst zerfiel in drei „Einsätze" von 6—7 Wochen; Pfingsten und Jacobi machten die Grenzen. Wir übergehen Hottinger's ausführliche Beschreibung der Wirthshäuser mit ihren Gastzimmern und Bädern, um noch einiges über dessen Regeln bezüglich der Länge der täglichen Badezeit zu sagen. „Vor Zeiten war einem erlaubt 4, 5 oder mehr Stunden auf einmal, und des ganzen Tages 7, 9 und mehr Stunden zu baden, so dass die ganze Cur, bestehend in 135 Stunden, in 15 Tagen abgemacht war." Am sichersten sei es, nicht über 1—3 Stunden auf einmal und des Tages im Ganzen nicht über 5 Stunden zu baden, aber nicht auf einmal, sondern allmählich steigend zu diesem Zeitraum zu gelangen. Hottinger schliesst sein Buch mit dem weisen Spruch:

Baden
Heilt nicht jeden Schaden,

den mancher heutige Verfasser einer Badeschrift sich zum Muster nehmen könnte, und mit der Warnung vor dem sogenannten „Ausmachen der Badenfahrten", d. h. „dass man gut Teutsch zu sagen, schlemme, prasse, den Begierden des Fleisches nachhenge, unnöthige Mahlzeiten anstelle und also nach gethaner Abrechnung wiederum, was man mit baden zurecht gebracht, auf ein neues verderbe." —

Wie Hottinger für den Zustand um 1700, so sind die Anmerkungen im deutschen Museum für den Zustand um 1779 belehrend. Es heisst da: „Die Anzahl der Privatbäder, die aber mehrentheils geräumig genug sind für eine ganze Gesellschaft, steigt jetzt auf 200. Der Pöbel badet sich noch immer auf offener Gasse unter freiem Himmel in zwei grossen Bädern, die man das St. Verenabad und das Freibad nennt. Die Einrichtung der Privatbäder ist jetzt eine etwas verschiedene, wie zu Poggio's Zeiten. In einzelnen Bädern sind alle Scheidungen aufgehoben, aber die Bäder überhaupt hängen nicht mehr zusammen. Auch die hier beschriebenen Gallerien sieht man nicht mehr, weil es nun Sitte ist, näher zu treten. Jedes Bad ist nun eine sehr luftige und gewölbte Halle und für 10—12 Personen eingerichtet. Kavaliere und Damen setzen sich in dieselben gemeinschaftlich und unbedeckt (?), in bunter Reihe. Solche Besuche, wie sie Poggio schildert, sind auch noch durchgehends üblich, nur sieht man die Damen nicht mehr nackt, sondern mit aller möglichen Sittlichkeit in Hemden. Die schwimmenden Tafeln findet man jetzt fast in allen Bädern, wo man 5—6 Stunden bleibt. Man trinkt auf ihnen Vormittags Chocolade und Nachmittags Wein." —

Medic.-Rath Dr. Wetzler (Ueber Gesundbrunnen und Heilbäder, Mainz 1822. II.) sagt: „Jetzt wird Baden vorzüglich von Zürichern, Aarauern, St. Gallern, Baslern und Bernern besucht. Ein bedeutender Theil von Zürichs Bevölkerung kommt sicher alle Jahre nach Baden, wenn auch nur auf wenige Tage. Landleute strömen noch alljährlich zu Tausenden dahin; von Nichtschweizern wird es aber wenig besucht. Die beiden öffentlichen Bäder waren vor mehreren Jahren (W's. Besuch fällt ins Jahr 1817) noch ganz offen; jetzt sind sie mit einer Bretterwand umgeben, aber nur zu einem kleinen Theile bedeckt. Der grösste Theil der Badenden sitzt unter freiem Himmel. Hier sieh man Männer und Weiber, Jung und Alt untereinander, die Weiber in Hemden, die Männer theils auch in Hemden, theils nur mit einem Tuch um die Hüften. Die Badenden müssen sich auf den Steinen aus- und ankleiden. Manche entkleiden sich in ihrer Wohnung und wandeln im Hemde über den Platz; manche, auch Mädchen, gehen im nassen Hemde vom Bade nach ihrer Wohnung." — Soweit Wetzler; aus der neuesten Zeit ist ein Bericht in den Didaskalien vom 19. und 20. Januar 1855 wichtig. Es heisst da: Es ist noch nicht gar lange her, dass der Anblick des nackten Elends durch den Abschluss und die Bedachung der Armenbäder, des Verena- und Freibades, den Augen der Vorübergehenden entzogen und die doch etwas zu weit in unsere Zeit hineinragende mittelalterliche Naivetät beseitigt wurde. — Baden ist bei dem zahlreichen Besuche von Badegästen und Durchreisenden doch kein Welt- und Modebad. Seine heilsamen Wasser locken heute noch das Volk von Stadt und Land herbei, „und begehrt Weib und Mann sein Kürzweil zu haben und hübsch zu werden," wie der alte Pantaleon sagt.

5. Delitzsch. *)

Einen schroffen Gegensatz gegen die bisher besprochenen Luxusbäder bilden die mehr als einfachen Verhältnisse eines längst verschollenen Badeortes, der um andrer Gründe willen indess heute noch häufig genannt wird. Die unten verzeichnete Schrift entwirft folgende Schilderung der den Curgästen hier gebotenen Annehmlichkeiten: „Am allerbesten haben es die Bettler, denn die halten am längsten aus, wenn ihnen gleich auch gar nichts fehlt, als vivres; denn da setzt es accidentia vor sie. Sonsten ist nicht zu läugnen, dass zwei unanständige Dinge da sein, warum absonderlich vornehm nicht lange da bleiben und die gebührende Cur abwarten kann: 1. Incommodität oder Unbequemlichkeit; massen es wenig gute Bauerstuben giebt, darinnen Dames oder Cavalliers können ad interim zufrieden sein; wiewohl auch hier der Trost sein muss, dass es eben so lange nicht währen kann, man auch in der Zeit sich mit Spaziergängen in's grüne Feld, mit angenehmer Compagnie oder seinen eigenen Speculationen divertiren kann. 2. Theuer Leben; massen die Bauern so gut als die Wirthe in Leipzig, vor eine Stube allein des Tages 8 bis 12 Gr. gefordert und auch bekommen müssen. Hat einer nur ein grob Bette zur Zudecke und ein Haupt-Küssen, muss er ordinär jegliche Nacht 1 Gr. geben, so gut als in dem besten Wirthshause. Was ist aber eine Comparaison zwischen den Leipzigischen Logie, und den Bauer-Stuben, da einen die Fliegen dreimal wieder anstechen, wenn man sie zweimal weggejagt, welche so geizig sind als ihre Wirthe. Von den essenden Waaren mag nicht viel erwähnen, als mit welchen es vollends ransteigt, und doch kahl aussieht. Darum gebe einem jeden die Lehre, dass er bei sich zu Hause Anstalt mache, auf 12 bis 14 oder auch mehr Tage verproviantirt zu seyn, wann er anders nicht mit grössern Kosten die vivres aus

---

*) Wahrhaftige Beschreibung des Gesundbrunnens, so unweit Dölitzsch entsprungen. 1704.

Halle will holen lassen. Und bringt er nicht seine eigene Betten mit, so wird er den Flöhen, absonderlich im Julio und Augusto, zur Marterbank. Am besten kömmt das gemeine Volk aus, welches sich auff eine frische Schütte Stroh (wenn es allzeit wahr ist) hinlegt, und mit einem Stücke Brod und Butter vorlieb nimmt, sich eine halbe Mandel Eyer macht, welche es doch auch so theuer bezahlen muss, als wenn sie die Bauersfrau in die Stadt träget; will es Fleisch essen, so läufft es das Eckgen nach Landsberg, und kauft sich ein paar Pfund, denn in Dörffern kriegt man leichtlich keins, es müssten denn zum Frühlinge die Kälber kommen. Dieser Ort ist sonderlich zu Curen wohl auserkohren, als an welchem der Patient nicht leichtlich in Diact pecciren kann; denn keinen Wald erblickt man hierinne, dass etwa Wildpret zu bekommen wäre, und ohne dem von dergleichen Waare keine Zufuhre in die Dörffer ist, oder doch zum wenigsten da keine gesehen wird; kein Wasser sieht man gross, dass ihm also die Fische den Magen auch nicht verschleimen können; Wein und andere delicate Bissgen werden ihm auch nicht schaden, denn das ist so ferne von dem Orte, bis ihn die Hällischen Weinhändler, Tracteurs, Confituriers was zeigen. Will er den Bauern die Hühner theuer genug bezahlen und schlecht zugericht, so steht es ihme frey. Wenn die Landsberger Becker nicht Brodt rausschafften, müssen die Patienten bei der Wasser-Cur zugleich auch eine Hunger-Cur anstellen; denn die Bauern backen Brodt für sich, und würde auch nicht zureichen."

IX.

Das Verhältniss der Aerzte zur Bevölkerung in Preussen und Frankreich. *)

Die Klagen der Aerzte über die Ueberzahl ihrer Berufsgenossen sind uralt, aber die Klagenden waren von jeher wenig bemüht, die statistische Unterlage für ihre Behauptung herzustellen. Wir finden beispielsweise für Frankfurt a. M. bereits 1646, als die Zahl der hiesigen Aerzte zehn betrug, die Bitte der Physici, der Senat möge keine fremden Aerzte mehr aufnehmen, „da der Numerus Medicorum also angewachsen, dass die Kranken in hiesiger Stadt nicht allein zur Genüge, sondern überflüssig besorgt werden können, ja Manchem es an einem zureichenden Stück Brod fehlt, und respective fehlen dürfte, wenn er nicht ex propriis zu leben hätte." 1809 unter dem Grossherzogthum Frankfurt, als 40 Aerzte hier waren, bemerkt der Geheimrath Seeger, nachdem fünf Aerzte zugleich sich zur Aufnahme gemeldet: „Man muss ja wohl willfahren, weil die vorgeschriebenen Bedingungen erfüllt sind, wenn gleich bald mehr Aerzte als Kranke, so lange, was Gott verhüte, keine Seuchen hier ausbrechen, sich hier befinden werden." Die prophetischen Schlussworte erfüllten sich bald; in den Jahren 1813 und 1814 starben 7 Aerzte, darunter 3 Physici, meist am Lazarethtyphus, so dass 1823 die Zahl der Aérzte 48 betrug bei einer Bevölkerung von 44,000 Seelen.

Für Frankreich ergeben sich für die Jahre 1858, 1859 und 1860 folgende Anzahlen von Medicinalpersonen **):

---

*) Zuerst gedruckt in Virchow's Archiv. Bd. 31. S. 393.
**) Statistique de la France. Mouvement de la population pendant les années 1858, 1859 et 1860. Deuxième Série. Tome XI. Strasb., 1863. 4°. S. XC. Auffallend ist die Abnahme der Aerzte (Dr. en méd.) für das Niederelsass (Bas-Rhin) von 177 in 1859 auf 103 in 1860. Wenn hier kein Druckfehler vorliegt, so wäre es interessant, über diese ganz unerhörte Verminderung etwas zu erfahren. Wir suchen vergebens im

	1858	1458	1860
Doctoren der Medicin...	11045	11174	11058
Off. de santé (W.-Ä. I. Cl.)	6311	6192	5030
Hebeammen	13527	13709	13722
Apotheker	5661	6192	6368

Man sieht also ein Gleichbleiben, d. h. Zurückbleiben hinter der wachsenden Bevölkerung der Zahl der Aerzte, eine Abnahme der Wundärzte 1. Cl., eine Zunahme der Hebeammen und besonders der Apotheker. Es sind das sehr unerfreuliche Ergebnisse, um daraus auf die Zunahme von Bildung und Wohlstand in Frankreich zu schliessen. Wenn schon früher die Zahl der Aerzte als Werthmesser dieser letztgenannten Eigenschaften einer Bevölkerung betrachtet worden ist, so ist diess jetzt um so mehr der Fall, wo die diätetischen Kenntnisse der Aerzte und ihre Sicherheit in Anwendung derselben im Zunehmen begriffen sind, wo man durch eine vernünftige Kinderpflege der entsetzlichen Sterblichkeit der Neugeborenen[*]), durch Revaccination den Blattern, durch Ventilation und Wasserversorgung dem Typhus etc. vorzubeugen bestrebt ist. Welches Missgeschick, wenn die Stelle der gebildeten Rathgeber in diätetischen Dingen auf dem Lande und in kleinen Städten von einer Frau eingenommen wird, welche ihrem Bildungsgange nach alle schädlichen Vorurtheile ihrer Pflegebefohlenen theilen muss und auch bei besserem Wissen nicht in der Lage ist, denselben energisch entgegenzutreten!

In der That ziehen die Aerzte sich immer mehr in die grösseren Städte, so dass bei ihrer geringen absoluten Zu-

---

Texte nach Aufklärung, aber erklärend, d. h. wahrhaft nutzbar kann in einem grossen Lande, wo keine einzelne Behörde alle Verhältnisse überschauen kann, die Statistik erst dann werden, wenn Provinzialbehörden eingesetzt werden, welche der Centralstelle die so nöthigen, nur durch Ortskenntnisse zu erlangenden Aufklärungen geben können.

[*]) In Paris sterben nach Bouchut vor Vollendung des ersten Lebensjahres 55 pCt., in Bordeaux von 1750—1861: 34 pCt., im Königreich Sachsen 32,47 pCt., in Mähren $29^{1}/_{3}$ pCt., in Oestr.-Schlesien 25 pCt., über Stettin s. Wasserfuhr, in Casper's Vierteljahrschrift Bd. 22.

nahme sich eine relative Abnahme für die geringer bevölkerten Departements herausstellt.

Für die grösseren Städte ergibt sich folgende Tafel:

Aerzte in	1858	1859	1860
Dep. de la Seine (Paris)	1204	1224	1259
Bouches du Rhone (Marseille)	248	256	275
Dagegen für Gebirgsgegenden:			
Basses-Pyrenées	139	139	129
Basses-Alpes	54	56	53

Eine Berechnung für 1860 angestellt, ergibt folgende Verhältnisszahlen der Medicinalpersonen:

	1 Dr. med.	Zahl der Einwohner auf 1 Off. de santé	1 Hebeamme	1 Apotheker
für Paris	1551	8382	2855	3373
für die 10 dichtestbevölkerten Departements	2854	6741	2897	4953
für die 10 am dünnsten bevölkerten Depart.	3352	4474	2843	8040
Mittelzahl	3256	6071	2621	5653

Für Preussen ist im siebenten Bande von Casper's Vierteljahrschrift eine Vergleichung des Standes der Aerzte nach den Volkszählungen von 1849 bis 1852 enthalten. In diesem Zeitraum, wo über die Ueberfüllung des ärztlichen Standes schon laute Klagen ertönten, war das Verhältniss gleich geblieben, oder hatte sich vielmehr ein wenig verbessert. 1849 kam ein Arzt auf 2929, 1852 auf 2931 Köpfe der Bevölkerung. Im Einzelnen hatte Berlin mit einer Zunahme von 50 Aerzten die grösste Zunahme gezeigt, dann kam Reg.-Bez. Königsberg mit 27, Düsseldorf mit 24, Liegnitz mit 22, Stettin, Merseburg, Trier, Danzig mit je 18 u. s. w. Die bedeutendste Abnahme der Aerzte zeigte Reg.-Bez. Oppeln mit 18, Frankfurt mit 7, Breslau mit 6 u. s. w. Was die Verhältnisszahlen betrifft, so nahmen die Extreme ein: einerseits der Reg.-Bez. Gumbinnen mit dem Verhältniss 1849: 1 zu 7175, 1852: 8129, andererseits Berlin mit dem Verhältniss 1849: 1 zu 823, 1852: 1 Arzt zu 716 Seelen. Dem Reg.-Bez. Gumbinnen, wo auf beinahe 4 Geviertmeilen nur 1 Arzt kam, zunächst standen Bromberg, Cöslin, Marienwerder, Posen, wo 1 Arzt auf mehr als 5000 Seelen kam; Berlin näherten sich am meisten die Beg.-Bez. Magdeburg (1 : 1978), Köln (1 : 2043), Münster (1 : 2117), Stralsund (1 : 2166) u. s w. 1849 waren 5558 Aerzte, darunter 3518 promov. Aerzte und 2040 Wundärzte. Die „Zeitschrift des k. preuss. statistischen Amtes" für 1863, S. 235 enthält Mittheilungen über die Zahl der Aerzte und der Apotheken in den einzelnen Reg.-Bez. des preuss. Staates am Schlusse des Jahres 1861, verglichen mit den entsprechenden Zahlen des Jahres 1849. Zu dieser Vergleichung ist von der Bevölkerung von 1861 Hohenzollern und Jadegebiet ausgeschieden, wonach sich auf 5083 Geviertmeilen 18,410,875 Einwohner und für diese 4472 promov. Aerzte, 1513 Wundärzte I. u. II. Cl., und 1536 Apotheken ergeben. Es war demnach die Zahl der Personen, auf welche ein Arzt (Dr. med. u. W.-A.) kam, von 2929 in 1849 auf 3076 in 1861 gestiegen. Die Bevölkerung Preussens war in dieser Zeit um 13,07 pCt., die Zahl der Aerzte (Dr. med. u. W.-A.) um 7,68 pCt. gestiegen. Am bedeutendsten ist die Zunahme der Aerzte (Dr. med. und W.-A.) in Preussen, Posen, der Rheinprovinz und Pommern, wogegen in Schlesien bei ziemlich bedeutender Zunahme der Bevölkerung ein Stillstand in der Vermehrung der Aerzte eingetreten ist (im Regierungs-Bezirke Oppeln sind bei einer Bevölkerungszunahme von 17,80 pCt. 1861 ebensoviel Aerzte als 1849). Dasselbe gilt auch für die Provinz Brandenburg, wenn man Berlin ausschliesst. In Westfalen ist es nur der gewerbsthätige Reg.-Bez. Arnsberg, der eine bedeutende Vermehrung in beiden Beziehungen nachweist (um 11,26 pCt.), im Reg.-Bez. Münster dagegen ist eine starke Abnahme des ärztlichen Personals zu bemerken (um 12,16 pCt.). In der Provinz Sachsen stellt sich durchschnittlich ein überwiegender Rückschritt heraus (Verminderung der Aerzte um 5 pCt. bei Vermehrung der Bevölkerung um 11 pCt.). Dieser anomale Zustand hat hauptsächlich diejenigen Landestheile getroffen, in welchen einerseits das Institut der Wundärzte am ausgebreitetsten war, andererseits aber auch keine bedeutende Vermehrung der Bevölkerung stattfand. So ist z. B. die Zahl der Wundärzte in Sachsen seit 1849 um 115, in Schlesien um 108, in Westfalen um 58 gefallen.

Vergleichen wir die Aerzte (Dr. med.) allein in Frankreich und in Preussen, so finden wir dort, da man 1852: 11217 zählte, eine jährliche Abnahme um 20, hier eine jährliche Zunahme beinahe um 80; in Preussen nehmen also die Aerzte im engeren Sinne etwa im doppelten Verhältniss der Bevölkerung zu (27,11 gegen 13,07 pCt.), aber sie treten zugleich an die Stelle eines minder vollständig ausgebildeten ärztlichen Personals. Nimmt man die 20 grössten Städte Preussens, so ergibt sich folgende Rangliste: Zunahme der Aerzte (Dr. med. und Wundärzte) um 100 pCt. in Posen; um 66,66 pCt. in Elbing; in Danzig um 59,64 pCt.; in Königsberg um 43,90; in Halle um 42,85; in Coblenz um 34,28, in Frankfurt um 29,16; in Köln um 25,27; in Düsseldorf um 22,85; in Berlin um 21,35 pCt. u. s. w. Es sind also nicht die grössten Städte, in welchen die bedeutendste Zunahme der Aerzte stattgefunden hat, denn Berlin nimmt erst die zehnte, Breslau erst die vierzehnte Stelle ein, und von den grösseren Städten zeigen Potsdam, Erfurt und Elberfeld sogar eine Abnahme des ärztlichen Personals um resp. 6,52; 6,25 und 4,17 pCt.

Was die Einwohnerzahl, die auf einen Arzt kommt, betrifft, so nimmt nach den für 1861 geltenden Zahlen Berlin mit nur 876 Köpfen die erste, der Reg.-Bez. Gumbinnen mit 7727 die letzte Stelle ein. Im Gegensatz zu den Verhältnissen, welche wir in Frankreich gefunden, bemerken wir in Preussen eine steigende Vertheilung der promovirten Aerzte auf dem Lande, wonach 1849 in 1106, 1853 in 1157, 1856 in 1188, 1859 in 1226, 1861 in 1256 Orten promovirte Aerzte ansässig waren.

Die Zahl der Apotheken hat sich von 1849—1861 nur um 71 oder 4,84 pCt. vermehrt, ist also hinter der Zunahme der Bevölkerung um 130 Apotheken oder 8,13 pCt. zurückgeblieben. Als günstig ist zu bemerken, dass 52 neue Apotheken in ländlichen Ortschaften angelegt worden sind. Als Curiosum mag im Gegensatz dazu angeführt werden, dass in der Provinz Posen 59 Städte noch ohne Apotheke sind. 1861 kamen in Preussen rund 12000 Menschen auf eine Apotheke.

Nach diesen Zahlen scheint es, dass nicht numerische Missverhältnisse, sondern andere (sociale) Ursachen den so häufigen Klagen über die Ueberfüllung des ärztlichen Standes zu Grunde liegen.

X.
Der Ritter Taylor.
Ein Beitrag zur Geschichte der Augenheilkunde vor hundert Jahren*).

Die später ausführlich zu besprechende Schrift von D. C. E. Eschenbach über Taylor (1752) schildert das Treiben der Menschenclasse, welcher unser Held angehörte, folgendermassen: „Nach der Menge von Augenärzten, welche sich jetzt in der europäischen Welt sehen lassen, könnte man diess Jahrhundert das Oculisten-Seculum nennen. Bei dieser Wahrnehmung könnte man einerseits auf den Gedanken kommen, dass die gewöhnlichen Aerzte dieser Krankheiten nicht mehr Herr werden können, und andererseits, dass die Augenkranken von dieser Behandlung den grössten Vortheil zögen. Beides aber ist nicht der Fall, wenn man den Nachruhm erwägt, welchen solche fahrenden Augenärzte hinter sich lassen, und wenn man bedenkt, dass einem fremden Arzte die Kranken mehr Freiheit zur Anwendung schmerzhafter Mittel gestatten, als ihrem gewohnten

---
*) Zuerst gedruckt im Journal der Chirurgie u. Augenheilkunde Bd. 32, S. 265—282; hier umgearbeitet mit besonderer Benutzung der Schrift von Eschenbach.

Arzte. Man will nicht leugnen, dass die herumreisenden Oculisten durch die lange Uebung in den am Auge vorfallenden Operationen, besonders im Staarstechen, zuweilen zu einer gar besonderen Fertigkeit gelangen. Hingegen mit dem Nutzen, den man sich von dieser Fertigkeit verspricht, sieht es ganz anders aus. Meist können sie nur e i n e Art der Cur; diese wird bei allen Kranken ohne Unterschied angebracht, ferner nehmen sie bei schwierigen und verwickelten Fällen sich nicht die nothwendige Zeit zur Untersuchung. Wie wäre auch, — abgesehen von der nothwendigen Kenntniss der Structur des Auges, welche viele nicht besitzen, — diess möglich, wenn man die Verfahrungsweise eines solchen Arztes betrachtet?

Sobald nemlich ein solcher Arzt an irgend einem Orte angelangt ist und seine Ankunft durch gedruckte Zettel, durch die Zeitungsblätter, durch Besuchung öffentlicher Versammlungen, durch seine in den Wein- und Bierschenken fleissig gegenwärtigen Bedienten oder noch durch andere Wege bekannt gemacht, so stellet sich bald eine Menge von Kranken von allerlei Gattung ein. Er gibt jedermann die stärkste Versicherung einer schleunigen und unfehlbaren Hülfe, wobei er wohl gar, wenn es nöthig erscheint, Ehre und Leben und noch ein mehreres zum Pfande setzet. Er berufet sich dabei auf seine zahlreichen, hie und da verrichteten Wundercuren, die auch wohl gedruckt zu lesen sind: seine prächtige Aufführung, grosse Titel und mancherlei andre, ins Auge fallende Nebenumstände müssen dem Kranken die Vermuthung einer ungewöhnlichen und anderswo vergeblich zu erwartenden Kunst beibringen, die, wenn sie etwa die übrigen Aerzte verkleinern, nur aus Neid verringert wird. Der fremde Herr Doctor hat nicht lange Zeit übrig; er kommt überall nur zufälligerweise und wider seinen gehabten Vorsatz an den Ort des jetzigen Aufenthaltes, oder es laufen bereits so viele Briefe ein von den benachbarten Städten, wo man ihn mit Sehnsucht erwartet, dass er kaum ein paar Tage verweilen kann. Er fängt also ungesäumt

seine Behandlung an, nimmt die verabredete Bezahlung in
ziemlichen Summen entweder voraus oder bald nach angefangener Heilung, beredet die Kranken in der Folge der Cur, dass
sie in der Besserung zunehmen und verlangt, dass auch sie
und die Ihrigen solches bei Nachfrage behaupten sollen,
wenngleich weder sie noch andre es wahrnehmen können.
Erfolgt wirkliche Besserung bei einer gewöhnlichen Krankheit, wo wird diess ausgebreitet und zur Erlangung eines
besonderen Zeugnisses benutzt. Wenn aber der fremde
Doctor nach einiger Zeit bemerkt, dass der anfängliche
Ruhm, wegen des Ausbleibens der so gewiss versprochenen
Hülfe zu fallen beginnt und er besorgen muss, dass von den
Orten, wo er sich vorher aufgehalten, ernsthafte Nachrichten
von dem Erfolg seiner Unternehmungen einlaufen möchten,
so ist er vor allen Dingen bemüht, das rückständige Geld
einzusammeln. Die Kranken sind zwar lange noch nicht
genesen, allein er weiset sie zur Geduld, versorgt sie mit
Medicamenten, und reiset hinweg, in der Stille oder öffentlich, nach Maassgabe der Umstände, und hiermit endiget
sich sein Periodus an diesem Ort. Bald fängt er seine
Comödie in einer andern und dann in einer dritten Stadt
an, und auf diese Art kann ein Oculist fünfzig Jahre lang
auf sein Handwerk herumreisen und viele tausend schadhafte Augen zu sehen bekommen, ohne gleichwohl kaum
von zehn Personen zu wissen, ob seine angewandten Mittel
geholfen haben oder nicht, woran ihm allerdings auch
nichts liegt."

Der vollständige Titel unseres Helden lautet im Jahre
1766: Ritter von **Taylor**, patentirter Päpstlicher, Kaiserlicher und Königlicher Augenarzt, wie auch des verstorbenen
Königs von Polen, Stanislaus I., Herzogs von Lothringen
und Bar, des erlauchten Vaters I. M. der Königin von
Frankreich sowie früher des verstorbenen Königs von Polen,
August III. und des verstorbenen Kronprinzen Friedrich,
Kurfürst von Sachsen, des Vaters und des Bruders I K. H.

der Dauphine, wie auch des Päpstlichen Hofes, S. Kaiserl. Majestät, der Könige von England, Dänemark, Schweden, des verstorbenen Don Philipp, Infanten von Spanien, Bruder S. Katholischen Majestät, der erlauchten Mutter und Bruder beider regierenden Kaiserinnen (von Deutschland und von Russland), der Kaiserlichen Wittwe Karls VII, des regierenden Kurfürsten von Baiern, der verwittweten Prinzessin von Anhalt-Zerbst, und ihres Sohnes, des regierenden Fürsten, aller Kurfürsten des H. R. Reichs etc., der Fürsten Karl von Lothringen, von Sachsen-Gotha, von Holstein, Hessen-Kassel, Mecklenburg, Braunschweig, Anspach, Lüttich etc., der Fürstin Georgia, der erlauchten Tante des Prinzen Herakles *), Mitglied mehrerer Academien, Universitäten, Collegien der Medicin und gelehrter Gesellschaften in Italien, Frankreich, Deutschland, Portugal, der Schweiz und der Niederlande etc., von Rom, Padua, Pavia, Rheims, Regensburg, Coimbra, Basel, Köln etc., Professor der Optik, Dr. med. et Chir. und Verfasser von mehr als 40 Schriften über das Auge und seine Krankheiten in verschiedenen Sprachen etc.

Joh. Taylor war nach seiner eigenen Angabe am 13. October 1708, Morgens 11 Uhr zu Norwich geboren und sagt in seinen „Anecdotes" über seine frühere Lebensgeschichte nur Folgendes: „Es ist wohl bekannt, dass der Ritter von Taylor von einer berühmten Familie Englands abstammt. Seine Ahnen haben sich durch die hohen Stellen ausgezeichnet, die sie in der Kirche etc. einnahmen. Nachdem er die gesammte Medicin bei den besten Lehrern seiner Zeit studirt hatte, trat er seine Reisen an." Die Wahrheit der ersten Angabe müssen wir dahingestellt sein lassen; dass er die berühmtesten Lehrer gehabt, ist wahr; da er

---

*) Prinz Herakles oder Heraklius von Georgien ist unsern Lesern wohl aus Minna von Barnhelm oder aus Claudius, dem Wandsbecker Boten bekannt.

in Leyden von 1725 an studirte, wo damals Boerhaave, Ruysch, Albinus etc. lehrten.

Seine erste Reise ging nach Frankreich. Von seinem Aufenthalte in Paris spricht er nicht, wahrscheinlich, weil er sich hier Petit's Operationsweise aneignete, die er nachher für seine eigene ausgab. In Marseille behauptet Taylor 1734 den berühmten Daviel als einen gewöhnlichen Chirurgen angetroffen zu haben. Erst durch sein Zureden habe er Daviel bewogen, sich mit Augenkrankheiten zu beschäftigen und ihm darin Unterricht ertheilt.

Sodann wandte er sich nach der Schweiz. Am 6. October 1734 wurde er in Basel, nachdem er Proben seiner Kunst gegeben, durch ein sehr schmeichelhaftes Diplom zum Mitglied der medicinischen Facultät ernannt. Der Dekan, Johann Rudolf Zwinger, öffentlicher Lehrer der Arzneikunst und Weltweisheit, sagt darin: „Plane, ut magno Supremi Numinis beneficio ad hanc artem excolendam et perficiendam natus esse videatur." Auch Emanuel König, Professor der theoretischen Medicin und Rector der Universität, gibt an Taylor ein Empfehlungschreiben, das seines Lobes voll ist. Er habe ihn, sagt er, das Glaukom (womit Katarakt gemeint ist) verschiedener Arten und Grade operiren gesehen, wobei Taylor die Linsenkapsel unversehrt zurücklasse, so dass die nachdringende Glasfeuchtigkeit daselbst eine neue Linse bilde, und dass die niedergedrückte und aus der Sehaxe entfernte Krystalllinse ihre frühere Stelle nicht mehr einnehmen könne. Ferner heile er Amaurosen verschiedener Grade, indem er die Bewegung der Iris durch ein von ihm erfundenes Instrument wieder belebe.

Ebenso empfiehlt ihn Dr. Johannes Gesner in Zürich nach Luzern, lobt als etwas Neues seine Extractionen (Glaucoma singulari plane ratione sanat, eximendo crystallinam lentem) und bittet für ihn um Empfehlungsbriefe nach Rom, wohin Taylor über Genf reiste. In Rom scheint er den Winter zugebracht zu haben, doch mit wenig Erfolg, da Zeugnisse für seine Geschicklichkeit aus Italien ganz fehlen. Dagegen verbreitete sich sein Ruhm von der Schweiz aus in Deutschland. Der grosse Haller, „ein bekannter habiler Medicus aus Bern in der Schweiz" rühmte ihn im Nürnbergischen Commercium litterarium universale 1734. p. 353. und als Taylor im Frühjahr 1735 an den Rhein zurückkam, verbreiteten die sehr einflussreichen französischen, in Holland erscheinenden Zeitungen, seinen Ruhm. Den 10. April bezeugt Dr. Thomas Steinhaus, Prof. der Anatomie in Köln, ihm seine Bewunderung über die Heilung der gutta serena; den 20. April wird Taylor als Mitglied in das St. Lucius-Kollegium in Lüttich, den 2. Mai in die medizinische Facultät zu Köln durch Engelbrecht Werden, Dr. med. und Decan, aufgenommen, unter der Bedingung, dass er neue Entdeckungen der Facultät mittheile.

Das Jahr 1736 brachte er in seinem Vaterlande zu, wo er den 20. Mai zum Augenarzte Georg's II. ernannt wurde. Indessen fehlte es auch nicht an Gegnern. Eine Schrift*) von dem Sohne des berühmten Heister enthält die Krankengeschichte eines jungen Mannes aus Frankfurt am Main, Namens Passavant, der in der Jugend ein Auge durch einen Bolzenschuss verloren hatte, und auf der Universität wahrscheinlich von einer Iritis exsudativa mit Entzündung der vordern Kapselwand am andern Auge befallen wurde, so dass er nur grosse Gegenstände und grelle Farben noch erkennen konnte. Er begab sich daher im Herbst 1734 zu Heister nach Helmstädt, der ihn den Winter bei sich behielt und im Frühjahr 1735 ihn operiren wollte. Der Ruf des Wundermanns verlockte den Patienten aber im Mai nach Holland zu reisen, und da Boerhaave dazu rieth, sich von Taylor operiren zu lassen.

„Er schraubte, wie der Kranke erzählt, das Auge mit

---

*) Elias Friedrich Heister, besondere Nachricht wegen des im Frühjahr 1735 in Holland so sehr gerühmten Englischen Oculisten Dr. Taylor und einer von ihm verrichteten, sehr merkwürdigen, aber höchst unglücklichen Augencur, nebst anderen dienlichen Nachrichten von diesem Oculisten. Helmstodt 1736. 8. 72 Seiten.

einem Instrument, das er unter die Augenlider setzte, etwas fest, nachmals machte er eine Incision mit der Lanzette im Auge, fuhr sodann mit der Staarnadel in das Auge und indem er zum dritten Male in dem Auge herunter fuhr, ging der Flecken zwar hinweg, so dass man die Pupille ganz schwarz sehen konnte, doch weil er alsbald mit der Hand das Auge zuhielt, so weiss ich nicht, ob ich dazumal besser oder schlimmer gesehen habe. Nach diesem liess er mir das Auge mit Regenwasser, so er mit ein wenig von seinem Augenwasser vermischte, bei einer ganzen Stunde lang anfeuchten, ich musste auch so viel als möglich hineinfliessen lassen. Alsdann verband er solches mit einem gebratenen Apfel und man musste diese Art zu verbinden alle zwei Stunden wiederholen." Der Erfolg war heftige Entzündung, die Taylor sehr roh behandelte, Verschwärung und Atrophie des Auges. Es werden noch mehr ungünstige Zeugnisse angeführt; so aus Amsterdam: „der berühmte Dr. Taylor hat hier nicht viel Ruhm eingelegt und viele blind gemacht. Wenn er länger hier geblieben wäre, glaube ich, dass das gemeine Volk ihn nicht wohl sollte tractirt haben, und habe auch nicht gehört, dass ein einziger Blinder von ihm wäre wahrhaftig curirt worden. Er hat sich das Geld bei grossen Summen pränumeriren lassen, ist aber hernach nach England gezogen, und hat die ihm Anvertrauten blind gelassen, denen er das völlige Gesicht sancte und mit vielen Eidschwüren versprochen gehabt. Aus Köln habe er scharfe Briefe von Patienten erhalten, worin man das Geld von ihm wiedergefordert. Auch habe er die Patienten zu seinen Operationen erkauft und die Subjekte, welche gutta serena zu Rotterdam, Amsterdam und im Haag simulirt, seien einerlei Personen gewesen." Aus London schrieb im Januar 1736 ein Arzt, dass er noch keinen von denen gesehen, die an gutta serena gelitten und die er durch die Operation zu restituiren versprochen, der da wäre curirt worden. Er habe zwar öfters bei ihm nach denen, die er vorher gesehen, gefragt, sei aber mit einer kahlen Entschuldigung abgewiesen worden. Im Februar hörte T. auf zu operiren und ging aufs Land, weil in London eine Satire auf ihn unter dem Titel: „Dr. Taylor couch'd of a cataract" herauskam. Auch Haller scheint schon früher von seiner guten Meinung zurückgekommen zu sein. Er schrieb im Commercium litterarium 1735, p. 73: Evanuit Taylor nec quo fugitivos gressus tulerit novi. Guérin (Versuch über die Augenkrankheiten. Aus dem Französischen. Frankfurt und Leipzig 1773. 8.) urtheilt sehr ungünstig über seine eigenthümliche Behandlung der Amaurose, welche darin bestand, dass er mit einer sehr zarten goldenen Feile verschiedene Male über die Hornhaut wegfuhr. Er sagt ferner: „Dieser listige Mensch wusste für jede Augenkrankheit eine besondere Operation, die allemal mit seiner Absicht übereinkam und darin bestand, dass er nur scheinbare Curen verrichten wollte." Taylor schickte Zettel herum, welche seine Talente verkündigten und es ist allerdings interessant für den Zustand der Ophthalmologie zu jener Zeit, dass er darin sagen konnte: „Ein jeder Augenarzt hat eine gewisse Art, sich in Ruf zu bringen; sie sind bloss darin unterschieden, dass der eine gröber prahlt, als der andere."

Man kann annehmen, dass die Lobeserhebungen im umgekehrten Verhältnisse zum wissenschaftlichen Zustande des betreffenden Ortes stehen. Aus grossen Hauptstädten und berühmten Universitäten, wo er sich aufhielt, wie Paris, London, Leyden, hatte er keine Zeugnisse, am meisten aus den geistlichen Universitäten Lüttich, Köln, Rheims, und aus kleinen Republiken, wie Frankfurt, Basel, Zürich, wo die Absonderung der Aerzte und ihre Ueberhäufung mit Praxis ein Zurückbleiben in der Wissenschaft bedingte.

1738 finden wir ihn in Portugal, wo er seine grössten Triumphe feiert. Aus Coimbra allein erhielt er vom 9. September bis 20. Oktober zwölf Briefe, in denen die Professoren sich in Schmeichelei überbieten. Da wird er inclytus heros, ophthalmicorum maximus et princeps, in optica scientia peritissimus, perfectissimus, eminentissimus genannt, da wird von seiner inexplicabilis agilitas und subtilissima dexteritas gesprochen, da wird gesagt: „Non tanti herois capax Anglia, quod suis cum finibus parvum theatrum suorum esset operum, non Gallia, quam suis portentis lucidam reddit, atque nunc etiam non omnis sufficiens erit Lusitania." Auch in Oporto wurde er gepriesen und in Lissabon in die Akademie aufgenommen.

Er behandelte und operirte mit Glück den Vicekönig von Goa, Don A. de Saldanha, und gab eine eigne Schrift über diesen Fall heraus.

1740 scheint er in Wien gewesen zu sein, wenigstens erwähnt er in den „Anecdotes", er sei beim Leichenbegängniss Karls VI., des Vaters Maria Theresiens, gegenwärtig gewesen († 20. Okt.) 1741—44 *) war er in England, wo er den Ritter Sambroke glücklich behandelte, über dessen Krankheit er eine eigene Schrift herausgab. 1743 publicirte er die erste Sammlung von Urtheilen und Zeugnissen über seine Geschicklichkeit, von zahlreichen Universitäten ausgestellt, in englischer und lateinischer Sprache. 1744 hielt er in Edinburg Vorlesungen über Augenheilkunde. 1745 muss er wieder in Deutschland gewesen sein, da er dem Leichenbegängniss des Kurfürsten Karls von Baiern (als Kaiser Karl VII.), beigewohnt hat. († 5. Jan.)

Den 15. Oktober 1749 wurden in Utrecht von dem medizinischen Collegium seine Papiere geprüft und richtig befunden. Der Dekan Wachendorf bezeugt dies in ruhigem, tracknem Ton, der stark von der portugiesischen Begeisterung absticht. Vom 27. November dieses Jahres datirt das zu Brüssel ausgestellte Diplom, wodurch Taylor zum Augenarzte des Prinzen Karl von Lothringen ernannt wurde, nachdem dieser Fürst seinen Vorlesungen beige-

---

*) In diese Zeit fällt auch sein Aufenthalt in Rouen, worüber im Précis analytique des travaux de l'académie de Rouen pour 1743 (Hennemann, über eine neue Reihe subcutaner Operationen, Rostock 1843, Journal der Chir. u. A. H. K. 33, 138) berichtet ist.

wohnt. Solche Vorlesungen hielt er auf dieser Reise auch in Amsterdam und im Haag und wurde angeblich von dem Rathe dieser Städte mit 500 und 300 Ducaten beschenkt.

Dr. G. Vrolik in Amsterdam hat indessen (Journal der Chir. u. A.-H.-K. Bd. 33, S. 216) aus dem Protocolle des Collegii medici im Haag für das Jahr 1749 nachgewiesen, dass diess ein lügenhaftes Vorgeben Taylors war und dass er in Holland das Gegentheil von Anerkennung gefunden hat. Das Collegium medicum im Haag war von der städtischen Behörde ermächtigt, die Art und Weise, wie J. Taylor mit den Leidenden, welche ihre Zuflucht zu ihm nahmen, verfuhr, genau zu beobachten und hierbei ergab es sich, dass er bei seiner Abreise nach Amsterdam die meisten in einem traurigen Zustande hinterlassen hatte. Sie fühlten sich verpflichtet, das Coll. med. zu Amsterdam davon in Kenntniss zu setzen, um soviel wie möglich die Bewohner dieser grossen Stadt vor dem Einfluss zu bewahren, den dieser Marktschreier durch seine lügenhaften und prahlerischen Bekanntmachungen in Tageblättern sich beinahe überall zu erwerben gewusst hatte. Der Brief, der diese Warnung enthält, ist vom 19. Sept. 1749 datirt, und wörtlich in dem Protokoll dieses Jahres enthalten.

Da die Inspectores collegii medici Amstelodamensis dem Unfug des J. Taylor, den sie schon 15 Jahre früher hatten kennen lernen (vergl. S. 97), zu steuern wünschten, so gingen sie zu Rathe mit dem Prof. anatomiae et chir. Dr. Roëll, und den städtischen Aerzten. Nachdem die Herren sich auch mit den damaligen Bürgermeistern der Stadt berathen hatten, beschlossen sie — nicht dem Taylor 500 Dukaten zu schenken, sondern — die folgende Bekanntmachung in holländischer und französischer Sprache in die meist gelesenen Tagesblätter einrücken zu lassen: „Da seit einiger Zeit in verschiedenen niederdeutschen und französischen Zeitungen Bekanntmachungen über die Operationen des sogenannten Dr. Taylor vorkommen, wodurch die Bewohner dieser und anderer Städte veranlasst werden, sich zu ihrer Heilung von Augenleiden seiner Behandlung anzuvertrauen, so haben der Prof. anatomiæ et chirurgiæ sammt den Inspectoribus collegii medici und den städtischen Aerzten es als ihre Pflicht betrachtet, dem Publicum bekannt zu machen, dass sie genaue Kenntniss genommen haben von dem Inhalte jener Bekanntmachungen, woraus sich ergeben hat, dass selbige grösstentheils der Wahrheit zuwider sind und dass seine Behandlungen von Augenkranken, sowohl in der letztverflossenen Zeit als vor 15 Jahren entweder ohne Erfolg geblieben sind oder gar die jämmerlichsten Folgen gehabt haben." Es ist diess nicht die einzige Lüge, welche ihm erwiesen ist; Eschenbach hat auch mehrere seiner Titel als Hofoculisten, seinen Ritter- und sogar Doctortitel theils zweifelhaft gemacht, theils als erschlichen nachgewiesen (Bericht S. 20—25. 29.).

Vom 24. December 1749 bis 23. Februar 1752 finden wir unsern irrenden Ritter in Frankfurt a. M., wo er Vorlesungen hielt. Die Physici stellten ihm zwei Zeugnisse, ein amtliches und ein für das Publicum bestimmtes aus (die er als Supplement seiner hier deutsch veröffentlichten Sammlung von Urtheilen über seine Heilungen hinzufügte), indem sie auf eigene Prüfung und mehr noch auf die Ehrenbezeugungen gestützt, die Taylor überall genossen, seine Geschicklichkeit und Kenntnisse angelegentlichst empfehlen.

Ein besonderes Zeugniss hat ihm noch Johann Philipp Burggrave ausgestellt, Verfasser der Topographie von Frankfurt, damals Leibarzt des Kurfürsten von Mainz*). Von Frankfurt reiste er über Giessen und Marburg (Facultätszeugnisse vom 7. Februar), Cassel (Diplom als Hofoculist des Prinzen Wilhelm vom 19. Februar), Göttingen, (Facultätszeugniss vom 4. März), Gotha (Diplom als Augenarzt des Herzogs Friedrich vom 14. März) nach Potsdam, wo nach so vielen Triumphen auch die Kränkung nicht ausbleiben sollte.

---

*) Eschenbach, Bericht 99—101.

Den 11. April war er in Potsdam angekommen, gab seine Empfehlungsbriefe ab, und erwartete, Friedrich dem Grossen vorgestellt zu werden, wie ihn bisher alle Fürsten empfangen hatten. Nach zwei Tagen vergeblichen Wartens reiste er nach Berlin, „wo er erwartet und herbeigewünscht wurde von unzähligen Kranken aller Stände, sowohl Einheimischen als Fremden, die weit hergekommen waren, um Hülfe zu suchen, wie sie nirgends anders zu finden war" *).

„Den Tag nach seiner Ankunft," erzählt der Verfasser, wie Cäsar in der dritten Person von sich sprechend, „war, wie überall, ein ungewöhnlicher Zulauf der ausgezeichneten Personen des Adels und des ärztlichen Standes, welche theils durch den Wunsch nach Heilung, theils durch Neugierde herbeigezogen waren. Doch denselben Tag überbrachte ein Offizier ihm den Befehl des Königs, dass Taylor sobald als möglich abreisen möchte. Er traf sogleich seine Anstalten, um zu gehorchen, aber überzeugt von der hohen Einsicht des Königs und von seiner väterlichen Liebe gegen seine Unterthanen, versuchte er, zu ihren Gunsten, sich gegen etwaige Verläumdung zu rechtfertigen und Aufschub zu erlangen. Er folgte dabei bloss dem Trieb, den vielen Unglücklichen, die nur seine Hülfe wollten, beizustehen. Vergebens war aber selbst die Verwendung angesehener Personen, und am vierten Tage nach seiner Ankunft musste er nach Sachsen abreisen, nachdem bis zum Augenblick seiner Abfahrt seine Wohnung von Hülfsbedürftigen nicht leer geworden war."

Die Erklärung dieser Verweisung findet sich in den

---

*) Détail des Motifs, pour lesquels le Chevalier Jean Taylor, Docteur en Médecine, Professeur en Optique, Membre, Associé et Aggregé de plusieurs Universités, Facultés et sociétés de Savans en Europe (!), Médecin Oculiste de S. M. le Roi de la Grande Bretagne, de LL. AA. SS^{mes} et Royale le Prince et Princesse d'Orange, de S. A. R. Monseigneur le Duc Charles de Loraine, de LL. AA. S^{mes} Mgr. le Prince Guillaume de Hesse et le Duc Frédéric de Saxe-Gotha, ne s'est pas arrêté dans le païs de Brandebourg. 1750. 8. XVI S. (Berlin, gedruckt bei Etienne de Bourdeaux).

Denkwürdigkeiten der Schwester Friedrichs des Grossen*), wo es heisst: „Ein englischer Augenarzt kam nach Berlin, während Voltaire's Aufenthalt. Da er Mitglied war von fast allen gelehrten Gesellschaften Europa's, wünschte er Sr. Majestät vorgestellt zu sein, um den Titel eines Hofoculisten zu erhalten. Der König hatte zu jener Zeit einige Ursache, die Engländer sich entfernt zu halten und suchte überhaupt so wenig den Beifall dieses Landes, dass er kaum höflich war gegen irgend einen Eingebornen der drei Königreiche, von welchem Stand und Rang er auch immer sein mochte." (Es folgen nun einige Beispiele hiervon, die weiter nicht hierher gehören.) Während der englische Adel auf diese Weise gekränkt und von dem Hofe ausgeschlossen wurde, wurde der Augenarzt öffentlich empfangen, und um die Sache noch auffallender zu machen, wurde er mit viel mehr Aufmerksamkeit behandelt, als Personen seines Standes erwarten können, obgleich seine natürliche Eitelkeit ihm keine Ehre zu gross erscheinen liess. Der Arzt stand gleichzeitig in dem Verdachte, er sei von dem englischen Ministerium abgeschickt, um verschiedene Fürsten insgeheim zu beobachten, und wirklich gab seine Kunst ihm dazu alle Gelegenheit, indem er von einem Hofe zum anderen reiste und überall dem Fürsten vorgestellt wurde. Als er beim König vorgelassen war, empfing ihn Sr. Majestät mit ihrer gewöhnlichen Freundlichkeit, und fragte ihn, welche Gunst er ihm erweisen könnte, indem er ihn vor allen seinen Kunstgenossen auszeichnen wollte. Der Doctor bat um das Diplom als Augenarzt Sr. Majestät, was ihm auf der Stelle bewilligt wurde, und der König fügte hinzu: „Da ich Niemandes Vergnügen lang aufschieben will, so kehre Er morgen bei guter Zeit hierher zurück und Sein Diplom soll bereit sein." Der Ritter (Taylor), entzückt über eine solche Gunst, stellte sich pünktlich ein und der König liess ihm

---

*) Memoires de la Margrave d'Anspach, écrits par elle même, traduits de l'anglais. Paris 1826. Tome II. S. 44.

das Diplom einhändigen, befahl ihm, den gewöhnlichen Eid zu leisten und wiederzukommen. Als alle Formalitäten erfüllt waren, stattete er dem König davon Bericht ab, der ihn mit diesen Worten verabschiedete: „Nun sind alle Seine Wünsche erfüllt, Er ist mein Augenarzt, aber ich bemerke Ihm, dass meine Augen keine Hülfe bedürfen, und wenn Er sich untersteht, an das Auge eines meiner Unterthanen zu rühren, so lasse ich Ihn aufhängen, denn ich liebe meine Unterthanen, wie mich selbst."

Der Ritter reiste ab, oder vielmehr, er bekam Befehl, binnen sechs Stunden sich zu entfernen. Er bat um etwas mehr Zeit, um seine künstlichen Augen und Instrumente einzupacken, was ihm aber abgeschlagen wurde, und so wurde er unter guter Bedeckung, wie ein Verbrecher, bis an die Grenze von Sachsen gebracht. Man sieht, dass der König gemerkt hatte, welches Geschäft der Ritter noch trieb neben seinen Augenoperationen und Vorlesungen."

Die Richtigkeit dieser Erzählung in allen Einzelheiten steht freilich dahin, indess stimmt der letzte Theil ganz mit Taylor's eigenem Berichte und nur durch den Verdacht, dass Taylor als Kundschafter ins Land gekommen sei, lässt sich Friedrich II. Benehmen gegen ihn erklären.

Voltaire verfasste auf diesen Vorfall ein Epigramm, dessen Spitze war: der König von Preussen habe aus seinen Staaten den einzigen Mann vertrieben, der ihm die Augen habe öffnen können.

Nach Baruth auf sächsischem Gebiet, wo Taylor noch am Tage seiner Abreise von Berlin anlangte, kamen ihm zahlreiche Kranke von Berlin nach, so dass nicht nur die Stadt, sondern auch das Schloss der Gräfin Solms davon voll war und fast kein Tag verging, wo nicht ein am Hofe bekannter Patient geheilt nach Berlin zurückkehrte [*]).

Den 22. April traf unser Ritter von Baruth in Dresden ein. Hier hatte er die Genugthuung, dem Kurfürsten vor-

---

[*]) Vergl. jedoch Eschenbach, S. 167.

gestellt zu werden und vor ihm und seinem Hofe Vorlesungen über das Auge zu halten. Ungeheuer war auch hier der Zudrang der Kranken, und mit dem Titel eines Hofoculisten wurde er entlassen. Von hier reiste er über Bamberg, Nürnberg, Baireuth, Ansbach, Regensburg, München und Salzburg nach Wien. (Eschenb. Ber. S. 67. 68.)

Als bemerkenswerthe Stellen heben wir aus dem angeführten Schriftchen Taylor's noch folgende hervor:

„Der Ruf des Ritters Taylor ist so allgemein und so fest begründet, dass er auf seinen Lorbern ausruhen könnte. In einem Lande geboren, wo das Ausüben einer Wissenschaft dem Adel des Bluts keinen Eintrag thut*), hatte er sich seit seiner Jugend dem Studium der Medicin gewidmet. Nachdem er die glänzendsten Proben seiner Kenntnisse in der Theorie sowohl, als seiner Geschicklichkeit im Operiren abgelegt, wurde er sehr jung zum Doctor der Medicin gemacht."

Er wiederholt hier eine Stelle aus seiner Vorrede zu dem Recueil des sentiments des principales universités d'Europe, 1749, welche lautet:

„Hätte Taylor in jenen dunkeln Jahrhunderten gelebt, wo man aus übertriebener Dankbarkeit die vergötterte, welche auf irgend eine Weise ihren Zeitgenossen wichtige Dienste geleistet hatten, so würde man ihm Statuen errichtet haben, man wäre von der Bewunderung zu einer Art äusserlicher Verehrung übergegangen, so lange man ihn auf Erden besass, und man hätte ihm Altäre errichtet nach dem Tode. Aber, fährt der anonyme Verfasser jenes Recueil, der Niemand anders, als Taylor selbst ist, von Taylor sprechend fort, „da wir so glücklich sind, aufgeklärter zu sein, als jene Götzendiener, so wollen wir ihre Verblendung be-

---

*) Es beweist dieses Wort, welche thörichte Vorurtheile der Adel damals in Deutschland noch hegte, wie denn auch Friedrich II. noch im Jahre 1750 für nöthig hielt, zu erklären, es beschimpfe keinen Adeligen, wenn er Mitglied der Academie der Wissenschaften sei.

weinen und unsere gerechte Dankbarkeit darauf beschränken, für sein Wohl zu beten, und Gott anzuflehen, er möge einige Stunden nur aus dem Leben jener Millionen von Müssiggängern nehmen, welche der Welt so wenig nützen, wie die Ratten in der Arche, und möge diese Zeit hinzufügen zu dem Leben jenes Fürsten der Augenärzte, damit er seine edle Kunst bis zur höchsten Vollendung bringen könne."

„In Deutschland wurde eine Medaille auf ihn geschlagen*). Auf diesen Reisen pflegte er in einem mit Augen bemalten Wagen, von zahlreichen Dienern begleitet, zu fahren. Einer seiner Diener (Meiners) sah ihm in drei Jahren so viel ab, dass er sich von ihm trennte und auf eigene Faust curirend und operirend Europa durchstreifte.

1751 besuchte T. Mecklenburg und Holstein, behandelte aus jedem dieser Häuser einen Prinzen und wurde von beiden Höfen zum Oculisten ernannt. Er beschrieb diese Curen in eigenen Schriften. Aus Wien war Taylor zum Herzoge Christian Ludwig von Mecklenburg nach Rostock berufen worden; der Aufenthalt in Rostock ward seinem Andenken jedoch verderblich durch die schärfste und vernichtendste Gegenschrift, welche bei dieser Gelegenheit von hier ausging **). Der regierende Herzog von Mecklenburg-Schwerin war 1750 von einer Augenkrankheit befallen, welche „theils in einer mittelmässigen Entzündung an dem rechten Auge, hauptsächlich aber in Dunkelheit des Sehens bestand, dabei an den Augen, ausser einer gar geringen Trübheit der crystallinischen Feuchtigkeit, und einer nicht allemal gleichförmigen Bewegung des Sternes keine Veränderung zu bemerken war." Zweimal wurde diese Krankheit von den Leibärzten

---

*) Deren Inschrift s. bei Eschenbach, Bericht Seite 77.

**) D. C. E. Eschenbachs gegründeter Bericht von dem Erfolg der Operationen des Englischen Oculisten Ritter Taylors, in verschiedenen Städten Deutschlands, besonders in Rostock. Rostock 1752 verlegts Johann Christian Koppe. 222 S.

des Herzogs geheilt, als sie aber zum drittenmale und' stärker
wiederkehrte, wandte man sich an den gerade in Wien befindlichen Taylor, von dessen Ruhm alle Zeitungen voll
waren. Dieser kam am 20. Februar 1751 in Rostock an,
begleitet von einem Secretär, einem Kammerdiener, der ihm
zugleich bei seinen Operationen assistirte, und einem Bedienten. Taylor wartete gleich des folgenden Morgens dem
hohen Patienten auf; es schien ihm diese Augenkrankheit
für seine Wissenschaft nur ein geringes zu sein. Er fing,
unter den grössten Versicherungen einer schleunigen und
unfehlbaren Hülfe, seine Cur mit einer ihm eigenen Heftigkeit noch denselben Vormittag an. Man sah gleich darauf
in verschiedenen in- und ausländischen Zeitungsblättern die
Nachricht von dem ungemein günstigen Fortgang seiner angefangenen Heilung, und dieser glückliche Fortgang ward
alle Posttage aufs Neue bestätigt und von dem Herrn Ritter
gegen Jedermann aufs Nachdrücklichste behauptet. Es
wurden mittlerweile die heftigsten Mittel ohne alle Ordnung
gebraucht und nachdem 9 Wochen, unter oftmals wiederholten Versprechen einer gewissen Hülfe ohne den mindesten
Nutzen hingebracht waren, reisete der Herr Ritter am
23. April wieder weg, und über Wismar, Schwerin und
Lübeck nach Hamburg.

1752 wurde Taylor in Dänemark, wo er eine Uebersetzung seines „Mechanismus" veranstaltete, zum Hofoculisten ernannt. In demselben Jahre bereiste er Schweden
und Russland, heilte dort die Gräfin Narischkin und die
Fürstin von Georgien, worüber eigene Schriften erschienen.
Die folgenden Jahre brachte er in Italien zu, wurde sehr
geehrt am Hofe zu Parma, operirte in Gegenwart Benedicts XIV. einen Cardinal und wurde zum päpstlichen Oculisten, sowie zu dem des S. P. Q. R. ernannt und seine
Büste in Rom aufgestellt. Er wurde drei Mal von Banditen auf der Landstrasse angefallen, das letzte Mal 1755,
wo er nur mit Mühe sein Leben rettete.

Von hier aus trat er seine asiatische Reise an, die ihn

bis nach Persien führte. In seinen „Anecdotes" rühmt er sich, sechs Wochen bei dem einzigen Sohn des Schah Nadir (Thomas Kulikan) gewohnt zu haben, der ihm die ganze Geschichte seines Vaters mitgetheilt habe.

Auch Persien und die Türkei hat er gesehen und die bei den Türken und Georgiern übliche Inoculation der Blattern kennen gelernt. Den Rückweg scheint er durch die kaukasischen Länder genommen zu haben, wo er Tartaren, Kalmücken, Georgier*) gesehen, und so kam er nach Russland zurück, wahrscheinlich im Jahre 1761, da er sich rühmte, bei dem Leichenbegängniss der Kaiserin Elisabeth († 5. Januar 1762), gewesen zu sein.

Peter III. ernannte ihn zu seinem Oculisten und Hofcavalier und beschenkte ihn mit einem goldenen Degen.

Die folgenden Jahre bis zu seinem Tode, den 6. Juni 1772, scheint er ziemlich vergessen theils in Paris, theils in England zugebracht zu haben. Sein letztes Werk erschien 1766.

Ueber sein Leben gab er ausführliche Rechenschaft in „History of the travels and adventures of Chevalier John Taylor, ophthalmiater pontifical, imperial and royal, written by himself," ein Werk, das ich mir nicht verschaffen konnte.

Eine Art Auszug daraus scheint das folgende, öfter angeführte Schriftchen zu sein: „Anecdotes de la vie du chevalier de Taylor, extraites de ses voyages publiés dépuis peu, dédiées à la très-haute et très-puissante Princesse Son Altesse Sérénissime Madame la Princesse de Géorgia, Tante du Sérénissime Prince Héraclés de Georgia. Imprimé pour l'auteur. 4. 16 Seiten. s. l. et a.

Es ist dies eine confuse Zusammenstellung von den verschiedenartigsten Notizen aus seinem Leben ohne alle Zeitbestimmung, welche theils an den ruhmredigen Charlatan erinnert, theils eine Familienähnlichkeit mit vielen seiner

---

*) Diese Völker stellt er mit Ungarn und Polen in eine Kategorie.

reisenden Landsleute darin zeigt, dass er, wie diese, auch vieles sah, bloss um es gesehen zu haben. Er erwähnt nicht nur die Fürsten, Minister, Feldherrn und berühmten Leute jeder Art, die er sah, behandelte, operirte, mit denen er speiste oder reiste, sondern auch die Sehenswürdigkeiten, Hof-, Kirchen- und Volksfeste, zu denen er Zutritt hatte.

Von der verwirrten Zusammenstellung und dem Styl mag folgendes Bruchstück eine Probe geben:

„Er hat die prächtigsten Feuerwerke des Jahrhunderts gesehen, welche bei ausserordentlichen Gelegenheiten, fürstlichen Vermählungen, Friedensschlüssen u. s. w. stattfanden."

„Er war bei allen Carneval-Festen an jedem Hof und in jeder Hauptstadt Europa's ohne Ausnahme."

„Er hat alle berühmten Bildergallerien in Europa gesehen, Rom, Florenz, Dresden, Düsseldorf."

„Er hat alle berühmten Statuen in Europa gesehen."

„Er war in allen berühmten Bibliotheken."

„Er hat alle in Europa vorhandenen Amphitheater gesehen, Rom, Verona, Nimes etc."

„Er hat alle Menagerien wilder Thiere von ganz Europa gesehen."

„Er hat alle Marställe und alle Reitschulen (académies) von Europa gesehen."

„Er hat ohne Ausnahme die berühmtesten jüdischen Synagog n gesehen."

„Er war in allen botanischen Gärten Europa's ohne Ausnahme, und hat sehr genau den berühmten Herrn Linnaeus gekannt, den ersten Botaniker der Welt."

„Er ist vollkommen unterrichtet über die herkömmliche Art und Weise bei allen Nationen Europa's, sich in Ehrensachen zu schlagen."

„Er hat die Art und Weise gesehen, wie die Verbrechen an den verschiedenen Höfen Europas bestraft werden, besonders die mit der Knute (le Kneut), wie in Russland."

„Er ist auch unterrichtet über die verschiedenen Todesstrafen an den Höfen Europa's, wie enthaupten, pfählen, bis zum Hals in die Erde graben etc."

„Er war gegenwärtig in Deutschland, als einem Fürsten auf einmal 300 Soldaten desertirten," u. s. w.

Er gibt auch noch eine Zusammenstellung aller berühmten Personen, die er operirte oder behandelte: Eine Schwester Kaiser Karl VI., den König von Polen und Herzog von Lothringen, Stanislaus, die Herzöge von Mecklenburg, Holstein, Weimar, Ormond, den Fürsten von Hessen-Kassel, die Prinzessinnen von Georgia, von Giustiniani in Rom, von Hatzfeld in Breslau, den Vicekönig von Goa, den Prinzen San Severo in Neapel, den Fürsten Radziwil, den Cardinal Albani, die Fürstin Narischkin, den Grossinquisitor von Portugal, den Dogen von Venedig etc.

Folgende Anecdote erzählt er von sich. Ein Herr habe zu ihm gesagt: Sie sind wie Cäsar, Sie arbeiten im Laufen! Darauf habe er erwiedert: Ja, mit dem Unterschiede, dass Cäsar's Sache war, die Augen zu schliessen, während ich sie öffne.

Mit einem anderen Zuge aus seinem Leben wird er wohl wenig Beifall ernten. Ein seit zwanzig Jahren erblindeter Herr hatte die Gewohnheit, alle Personen, die ihm begegneten, an der Hand zu fassen und sie darnach zu beurtheilen. So wählte er auch seine Frau, deren Hand ihm gefiel, die aber übrigens hässlich war. Als er von Taylor's Ruf hörte, wollte er sich von ihm operiren lassen, auf der Frau Bitten unterliess Taylor die Operation, um die Illusion des Mannes, dass er eine schöne Frau habe, nicht zu stören und den Frieden zu erhalten.

Für seine Grabschrift sorgte Taylor selber und zwar ist sie in einem ihm angemessenen Tone geschrieben. Man findet sie in den Anecdoten und auch in Guérin's Werk über Augenkrankheiten. (Seite 256 der deutschen Uebersetzung, Frankfurt und Leipzig 1773. 8.)

„Hier ruhen in Frieden die Gebeine eines Mannes, der

der ausgezeichnetste seines Jahrhunderts war durch seine Kenntnisse in einer Kunst, welche die nützlichste ist für das Menschengeschlecht, und für deren Pfleger er nicht, nein, für deren Schöpfer er von der Vorsehung bestimmt schien. Sein Verstand erhellte die Finsternisse, seine Hand drang in die innersten Geheimnisse und schien durch den Geist selbst geleitet zu sein, der den Bau des Körpers geschaffen."

„Sein Ruhm war nicht auf Worte begründet, er war bewährt durch eine lange Reihe von Erfahrungen, durch Entdeckungen, die er verbreitet hat, durch eine grosse Zahl von Büchern, in verschiedenen Sprachen abgefasst, durch die grösste Praxis seines Zeitalters und durch seine über die ganze Welt zerstreuten Schüler. Die Nachwelt soll wissen, dass er die Ehre hatte, academische Vorträge zu halten vor zwei Päpsten, drei Kaisern, vor allen gekrönten Häuptern von ganz Europa; die Universitäten und gelehrten Gesellschaften an den verschiedenen Höfen, beinahe alle Fürsten von Europa haben ihm Beweise ihres Wohlwollens gegeben, indem sie ihn mit schmeichelhaften Titeln beehrten und mit kostbaren Geschenken überhäuften, um der ganzen Welt die hohe Meinung zu verkünden, die sie von ihm und seinen Talenten gefasst.

O ihr, die er aus der Dunkelheit hervorgezogen hat, in welcher, wie Todte unter den Lebenden, ihr geschmachtet, lasst die Welt wissen, von welchem Schmerz ihr durchdrungen seid über den Verlust eines Mannes, der der Menschheit so theuer war! Er war nur eifersüchtig auf den Ruhm Anderer, um denselben noch strahlender zu machen; er hat mit dem grössten Eifer die berühmtesten Gelehrten aufgesucht und seine höchste Freude war, ihre Freundschaft zu verdienen. Zur Gesellschaft der Fürsten, selbst zu ihrer Tafel gezogen, in Verbindung mit den Ministern aller Mächte unseres Welttheils, hat er in ihrem Wirkungskreise selbst die geheimen Triebfedern kennen gelernt, welche die Fürsten bald zusammenführen, bald sich entfremden.

Ein Feind der rauschenden Vergnügungen und aller der Leidenschaften, denen die Seele zum Schaden des Körpers sich hingibt, hat er durch Mässigkeit seine Gesundheit zu erhalten gewusst, und sich lange seine Frische, sein jugendliches Aussehen bewahrt. Wer könnte nun seinen Schmerz mässigen, wenn er einen solchen Mann in der Nacht des Todes begraben sieht?

Wanderer, den diese Grabschrift innig rührt, bedenke, dass Du nur Staub und Asche bist, wie er!

  Dieux! Taylor gît dans cette bière;
    Cet oculiste si fameux;
  Après avoir donné tant de fois la lumière,
    Devait-il donc fermer les yeux!

was ein deutscher Dichter jener Zeit etwa so übersetzt hätte

  Ihr Götter, Taylor liegt in diesem Grab,
    Den als Erretter alle Blinde priesen,
  Der so viel Tausenden das Licht der Augen gab,
    Er musste selbst die seinen schliessen!

Auch lateinisch ist er oft angesungen worden:

Effigiem Taylor, tibi qui demissus ab alto est,
  Turba, alias expers luminis, ecce vides!
Hic maculas tollit, cataractas deprimit omnes,
  Amissum splendens excitat ille jubar.
Miranda praxi sublata ophthalmia quaevis,
  Artificis dextrae gutta serena cadit.
Ecce virum! cujus cingantur tempora lauro;
  Dignum, cui laudes secula longas canant.

Taylorus promptam caecis afferre salutem
  Gnarus, quo vadet, luminis instar erit.
At Basilea! tuis medicis nunc junctus, in aevum
  Omne choro medico sideris instar erit.
    (Dr. Harcher in Basel, am 26. Oct. 1734.)

O tu, qui terris ades Aesculapius alter,
  Carus et Europae regibus ac populis,

Cujus innumeris lucem mortalibus almam
  Restituit toties prodigiosa manus,
Invidiam sanare nequis, pulcherrima luscis
  Aspicit ac torvis quae tua facta oculis,
Flos Equitum, toto fama notissimus orbe,
  Taylor hic est artis gloria prima suae!
Vitam oculis, animis lucem, coecisque salutem
  Humano generi commoda mille tulit!

In dem Journal der Chirurgie und Augenheilkunde folgt hier das zweite Buch, Taylor's augenärztliche Schriften (Bd. 32, S. 283—288) und das dritte Buch (Bd. 32, S. 411—444), Taylor's Lehre enthaltend. Ich habe nicht für passend gehalten, beide hier wieder aufzunehmen, will aber einige Zusätze zu dem dritten Buche hier einschalten. Prof. Mauchart wurde im Mai 1750 durch den Zeitungslärm über Taylor („operationes celeberrimi hujus viri, quas plenis fama eructat buccis") veranlasst, in einer academischen Rede [*], anknüpfend an die Zeugnisse Eman. König's und Joh. Gesner's, seine Heilungsmethode des Glaucoms, der Cataract und der Amaurose einer kritischen Beleuchtung zu unterwerfen. Bemerkenswerth ist folgende Stelle: „Abstinebit fortassis in posterum, ut sperare fas est, ab illis thrasonicis novellarum publicarum buccinis, quibus per omnes Europae partes classicum quasi canere caecis videtur. Temperabit fastum et jactationes, quibus multorum hactenus incurrit vel invidiam vel contemptum. Operam dabit, ut observationes rariores studiose colligat, testimoniis in arte expertorum fide dignis muniat medicamenta et adhibitas encheireses fideliter recenseat atque cum orbe erudito communicet: Amicitiam et commercium literarium cum aliis celebribus contrahat ophthalmiatris, neque sinistros eventus

---

[*] B. D. Mauchart, oratio publica in Taylori Angli meritamque habita, in: Chr. F. Reuss, diss. med. selectae Tubingenses. Tub. 1783. Band II. S. 368.

et infelices curas reticeat, utpote e quibus aliquando plus redundat utilitatis ad docentes pariter ac discentes, quam e felicissimis quibusque curationum eventibus."

Ueber die Heilung des Strabismus durch den Muskelschnitt findet sich nichts in Taylor's Schriften; die Quellen für diese ihm zugeschriebene Erfindung sind der oben angeführte Bericht über Taylor's Aufenthalt in Rouen, und Georg Heuermann's Abhandlung der vornehmsten chirurgischen Operationen. Kopenhagen und Leipzig 1756, auch Eschenbach (in seiner oft citirten Schrift S. 139 und in seiner Chirurgie, Rostock und Leipzig 1754, S. 537) spielt darauf an.

Anhang.

Im Folgenden theile ich einige weitere Nachrichten über herumziehende Augenoperateurs mit. Der oben erwähnte Meiners (vergl. S. 106) gab in dem Frankfurter Intelligenzblatt vom 13. August 1748 folgende Anzeige: „Es wird dem Publico allhier bekannt gemacht, dass der berühmte Oculist Herr Heinrich Meiners allhier angekommen ist, nachdem er schon vorhero in Engelland, Frankreich, Schweitz und Italien, letztens in Constantinopel, Schmirna, Teutschland, Triest, Grätz, Wien, Prag, Dresden, Leipzig, Erfurth, Gotha, viele tausend Menschen durch seine neue Operationes der Augen, zu ihrem Gesicht verholfen, und solches erhalten laut denen Attestaten von obgemelden Landen und Städten. Es können also diejenigen, welche Blind, oder andere Krankheiten der Augen haben, sich bei ihm melden. Die Armen werden gratis operiret, und werden alle Herren und Damen, Herrn Medici und Chirurgi höflichst invitiret, so thanen Operationen der Augen mit bey zu wohnen, es geschehen solche alle Tage von 10—12 Uhr in dem Pistorischen Hause hinter der Rose."

F. A. von Ammon berichtet in seiner „Geschichte der Augenheilkunde in Sachsen" (Leipzig 1824. S. 41.):

„Noch wandeln in den Strassen unserer Stadt (Dresden) der Erblindeten viele, welche ein Taddini vor kaum zwanzig Jahren, statt ihnen neues Licht zu geben, durch unvorsichtiges Operiren in ewige Nacht stürzte! Einer der besseren dieser reisenden Lichtspender wählte Dresden zum Wohnorte. Er bekam hier die Stelle eines Hofoculisten. Sein Name ist Casaamata und erinnert jeden Arzt an seinen Augenspiess, wie an die merkwürdige Stellung, welche er bei Verrichtung der Extraction des Staares nahm. Noch leben Männer, welche ihn operiren sahen. Ihrer Aussage zufolge war seine Behandlung des Auges roh, und wenn seine Operationen nicht den unglücklichen Ausgang hatten, welcher die Bemühungen seiner reisenden Collegen krönte, so ist dieses allein der rein antiphlogistischen Behandlung zuzuschreiben, welche er ausübte. Auch fällt in diese Zeit der Besuch des französischen Oculisten Simon, dem jedoch in Sachsen, und vorzüglich in Leipzig kein Glücksstern aufging." Ueber Casaamata und Simon ist zu vergleichen die Dissert von Chr. G. Feller: de methodis suffusionem oculorum curandi. Lips 1782. (Richter's chir. Biblioth. VI, 330), über Casaamata ferner noch Hennemann, über eine neue Reihe subcutaner Operationen. Rostock 1843 (Journal der Chir. u. Augenheilkunde. Bd. 33, S. 144), wo es heisst: „Casaamata, ein Mann von vornehm ansprechendem Aeussern, den ich in frühester Jugend im Hause meines verstorbenen Oheims, des Leibmedicus Hennemann, häufig gesehen zu haben mich erinnere, heilte einen hiesigen Angestellten mittels eines kleinen Schnittes vom Schielen, machte indess aus den Einzelheiten seiner Manipulation ein Geheimniss."

Weniger ungünstig lauten die Mittheilungen des Geheimraths Schäffer zu Regensburg über Taddini's Augen-Operationen daselbst in K. Himly's und J. A. Schmidt's Ophthalmologischer Bibliothek. Jena 1805. III. 172. Schäffer sah denselben wiederholt im Mai 1805 operiren, nachdem Taddini's Vater schon 18 Jahre früher in Regensburg operirt hatte. Der Sohn operirte mit demselben Messer, dessen sich der Vater bedient hatte. Schäffer beschreibt die Instrumente und die Operationsweise, gibt auch eine Uebersicht der einzelnen Fälle und schliesst mit folgender Zusammenfassung: Anfangs Juni verliess Herr Prof. Taddini Regensburg, „nachdem er 12—15 Staaroperationen, meistens glücklich, gemacht hatte. Vermögende mussten ihm 20 bis 30 Louisd'or zahlen, Arme operirte er unentgeldlich. Er richtete seinen Weg nach Prag, wohin er Empfehlungen und Adressen erhielt. Ich erfuhr seitdem (Schäffer's Brief ist vom 15 Juli), dass er in dem Invaliden-Hospital daselbst einige Staarblinde mit Erfolg operirt haben soll." Diesem Aufsatz ist von Himly's Hand eine Kritik der abgebildeten Instrumente Taddini's und eine strenge Beurtheilung seiner Operationsmethode beigefügt, wo es heisst: Unter den mitgetheilten Fällen sind freilich welche, wo die Kranken sich durch die Operation auf's Neue des Lichtes erfreuten, aber unter so wenigen Fällen doch zwei Augen durch die Staar-Operation unwiederbringlich zerstört zu haben, würde mich doch sehr bekümmert haben. In beiden Fällen war das Auge, welches zerstört wurde, das rechte, also dasjenige, welches mit der rechten Hand über die Nase weg mit einem geraden Messer operirt wurde, worüber man sich weniger wundern kann.

Die zwei Versuche, eine künstliche Pupille zu bilden, liefen total unglücklich ab.

J. N. Rust (Aufsätze und Abhandlungen. Berlin 1834. I. 306) erzählt von einem herumziehenden Staarstecher in Galizien, welcher mit einer runden Staarnadel, welche weder gehörig gehärtet noch scharf war, mit grossem Erfolg die Reclination übte unter alleiniger Assistenz seiner Frau, wobei er, damit die niedergedrückte und in der Mehrzahl der Fälle angespiesste Linse beim Ausziehen der Nadel nicht wieder aufsteige, dem Kranken jählings einen Mund voll Wasser ins operirte Auge spritzte, so dass durch die unwillkürliche Rückwärtsbeugung des Kopfes die Nadel rasch aus dem Auge fuhr und die Linse liegen blieb. Er hatte weder einen Begriff von dem Bau des Auges und dem Wesen des Staares, noch sorgte er irgendwie für Nachbehandlung, und hatte doch viel Glück und ausserordentlichen Zulauf.

In meiner Autographensammlung besitze ich ein Zeugniss des Augenarztes Melior, welcher um 1815 in der Rheingegend umherzog, z. B. im Rheinischen Mercur vom 29. Juli 1815 seinen bevorstehenden Aufenthalt in Bad Ems anzeigte.

Dies Zeugniss theile ich wörtlich mit, damit man daraus den Bildungsstand des Mannes ersehe: Herr Joel Baruch Schlesinger war schont mehr mahlen bei mir, um seine Augen zu untersuchen, ich finde dessen Augen gantz kurtz sichtig und sehr schwag im sehen, so das demselben alle Verhitzungen wie auch Verkältungen schädlich ist, keine Cur um seine Augen zu verbessern findet nicht stadt, weil das Aug kurtz sichtig von Natur ist, dieses wird auf Verlangen attestirt.

Frankfurt, 14. April 1815.   W. Melior,
                                          Augenarzt.

Hinsichtlich Joh. Heinr. Jung, genannt Stilling's Operationen, welche er 1775 in Frankfurt übte, wollen wir nur auf „Wahrheit und Dichtung" Sechzehntes Buch, (Goethe's Werke. Sechsbändige Ausgabe von 1860. IV, 218) verweisen.

Aus meiner Autographensammlung füge ich folgende Consultation Jung-Stillings bei:

                     Carlsruhe, 12. October 1807.

Innigst geliebter theuerer Freund!

Gestern waren die lieben Frankfurther Freunde bey mir, und ich habe das Auge Ihres Herrn Vettern genau untersucht: ich fand an der Pupille nichts eckichtes, auch ihre Bewegung war sehr regelmässig und empfindlich gegen das Licht, daher schliesse ich, dass die stockenden Säfte auf der Netzhaut noch beweglich, folglich die Folgen dieser Stockung noch zu heben sind; mir scheint es entschieden zu seyn, dass die Unempfindlichkeit der Netzhaut, die man Amaurosis, und in ihrer Vollendung, Gutta Serena nennt, daher rühre, wenn stockende Säfte im nervo optico und seiner Expansion, der Retina, die Nervenfasern drücken, oder, wenn Sie lieber wollen, die Durchströmung der Lebensgeister hemmen. So lang nun die Säfte in der Retina beweglich sind, so lang ist die Amaurosis heilbar, es kommt nur darauf an, dass man die rechten Mittel trift.

Die Stockung der Säfte dehnt die Gefässe aus, die Kräfte der Natur streben dieser Würkung entgegen, und verursachen einen Krampf, oder vielmehr einen Ueberreiz, und dieser die Spannung. In gegenwärtigem Fall sind also zween Feinde zu bekämpfen, nämlich erstens der Trieb des Geblüts nach dem Kopf, und zweytens die allzugrose Reizbarkeit der Nerven, welche eine natürliche Folge des Ersteren ist.

Der stärkere Trieb des Geblüts nach dem Kopf aber ist die Folge einer sizenden Lebensart, und diese bewürkt Infarktus und Anhäufung verhärteter Materien im Unterleib. Mein Rath geht also dahin:

1) Herr de . . . . . . muss täglich eine Stunde reiten, theils im Schritt und theils im Trab.

2) Dann verordnen Sie ihm eine Arzney aus Löwenzahn, Baldrian und Arnicablumen.

3) Er muss jeden Abend vor Schlafengehen ein reizendes Fussbad nehmen, und überhaupt die Füsse sehr warm halten, aber den Kopf kühl; doch wünsche ich nicht, dass Er den Kopf mit kaltem Wasser wäscht, am wenigsten die Augen, weil die plötzliche Adstriction oft die Einkerkerung der Säfte befördert.

4) Ausserordentlich viel ist an der Diät gelegen: so lang die Cur dauert, und vielleicht immer muss Alles was bläht, vermieden, und der Leib immer offen gehalten werden; abführende aber zugleich auflösende nicht schwächende, und

nicht bläbende Mittel müssen zum Abführen alle 4 Wochen gewählt werden. **Ich wünsche, dass dies bei dem zunehmenden Licht gegen den Vollmond zu geschehen möge.**

5) Nach der Abführung bitte ich folgende Pillen zu verordnen:

    Rec. Extr. Taraxaci
       „   Cicut. aa drachmam 1.
       „   Pulsatillae nigricantis
    Castorei aa Drachmam. dimid.
    Tartari Stibiati gr. x.
    M. f. pillul. pondr. gr. jj. D. S.

Morgens und Abends jedesmal, die erste Woche, zwo Pillen, die zweyte drey, die dritte vier, und so von Woche mit einer Pille zu steigen, so lang keine widrige Würkungen daher entstehen.

6) Lassen Sie folgendes Dampfbad gebrauchen:

    Rec. Rad. Valerian.
        Hb. Meliss.
        Flor. Arnicae..
        Sem. foenicul. aa ʒj.
    Conc. contus. D. S.

Spezies zum Augen-Dampfbad.

Hievon thut man eine gute Hand voll in ein neues irrdenes Töpfgen, schüttet ein paar Tassen kochendes Wasser darauf, stülpt dann einen umgekehrten Trichter darauf, dessen Rand aber gröser ist, als der Rand des Töpfgens, und läst dann den Dampf aus der Röhre des Trichters in das offene Auge gehen, doch in der Entfernung, dass die Hize nicht schaden kann. Dies muss eine Viertelstunde lang, Morgens und Abends geschehen.

Unmittelbar hinter dem Dampfbad her bedient man sich folgenden Balsams:

    Rec. Aether. Vitrioli, Nitri, am besten acidi salis ʒj. olei Cajaput. ʒj.; man kann auch olei foeniculi nehmen.
                              M. D. S.

Hievon einige Tropfen in die hohle Hand zu nehmen, unter das offene Auge zu halten, und ganz ins Auge verdünsten zu lassen.

Haben Sie die Güte, Theuerster Freund! mir einige Wochen nach dem Gebrauch dieser Mittel Nachricht vom Erfolg dieser Arzney zu geben.

Béranger*) litt 1848 an einer leichten Augenentzündung, gegen welche Brétonneau ihm ein Augenwasser verordnete. Sie heilte, da aber Béranger viel las und schrieb, so kam sie immer wieder und Béranger wandte sich nun an einen polnischen Priester, welcher mit einem Geheimmittel Augenkrankheiten behandelte. Ich war, erzählt Trousseau, damals Vorsitzender der Prüfungscommission der Facultät für die Wundärzte (Officiers de santé). Da der Priester Unannehmlichkeiten mit der Polizei gehabt hatte, indem unter seiner Behandlung einige Augen ausgelaufen waren, so wollte er sich der Ordnung fügen. Zu diesem Zwecke wandte er sich an Béranger, und fragte ihn, ob er durch seinen Einfluss sich als Wundarzt könnte aufnehmen lassen, um dann nach Herzenslust Augen behandeln und die Leute blenden zu können (éborgner). Béranger kam zu mir und sagte: „Mein Freund, erweisen Sie mir einen grossen Gefallen; machen Sie, dass dieser arme Teufel aufgenommen wird, er beschäftigt sich nur mit Augenkrankheiten, obgleich die Prüfungen der Wundärzte sich über alle Zweige der Heilkunde erstrecken; haben Sie Nachsicht mit ihm, er ist ein Flüchtling, und sodann hat er mich geheilt, das ist mein bester Grund." — Ich liess den polnischen Geistlichen kommen, und sagte ihm: „Sie sind mir durch meinen Freund Béranger empfohlen; zwei meiner Collegen, mit welchen ich gesprochen, und ich, wir sind entschlossen, das mögliche zu thun, um Ihnen durchzuhelfen; freilich sind unsere Prüfungen öffentlich, aber

---

*) Gazette des hôpitaux 1862. N. 77.

ich benachrichtige Sie, dass ich Sie über die Anatomie des Auges fragen werde." Der Pole schien etwas betreten. Ich fuhr fort: "Sie wissen doch, was das Auge ist? — Sehr wohl. — Sie wissen, dass es ein Augenlied gibt? Ja. — Sie haben eine Idee davon, was die Hornhaut ist? — Er stockte. — Die Prunelle ....? — Ja wohl, Herr, die kenne ich. — Wissen Sie, was der Crystallkörper, die Glasfeuchtigkeit, die Netzhaut ist? — Nein, mein Herr, was würde mir das helfen, da ich mich nur mit Augenkrankheiten abgebe? — Ich sagte ihm: das würde Ihnen doch etwas helfen, ja, ich versichere Sie, es würde fast nothwendig sein, eine Ahnung davon zu haben, dass ein Crystallkörper existirt, besonders wenn Sie, wie es manchmal zu geschehen scheint, den grauen Staar operiren wollen. — Ich operire nicht. — Aber wenn Sie den Einfall bekämen, es zu thun? — Ich konnte es ihm nicht begreiflich machen, dass er die Augenheilkunde nicht ausüben könnte, ohne die geringste Kenntniss vom Bau des Auges zu haben." — Ich besuchte Béranger und erzählte ihm die Geschichte. Béranger rief aus: Ach, der arme Mensch! Ich sagte ihm: Mein lieber Béranger, ich bin seit acht Jahren Ihr Arzt und verlange jetzt mein Honorar. — Worin soll dies bestehen? — Sie machen ein Gedicht auf einen von mir gegebenen Refrain und eignen mir es zu. — Gut, und der Refrain? — Ah, que les gens d'esprit sont bêtes! Von da an war es eine ausgemachte Sache, dass er nicht mehr von dem polnischen Geistlichen sprach.

Die Trennung der Theorie von der Praxis in der Augenheilkunde, die vollkommene Loslösung des operativen Theils von dem wissenschaftlichen, die seltsame Erscheinung, dass nach den grossen Centren der Heilwissenschaft ungebildete Staarstecher als gepriesene Wunderthäter, als die eigentlichen Heiler hinziehen konnten, — kurz der Zustand, zu dessen Erläuterung die obigen Mittheilungen dienen sollten, war seit Jahrhunderten angebahnt. Guy de

Chauliac *) sagt in seiner 1363 herausgegebenen Chirurgia magna: „Wegen Unsicherheit des Erfolges hätten alle gescheidte Männer die Operation des grauen Staars Hausirern überlassen." Auch Valescus, Lehrer der Heilkunst zu Montpellier, rieth 1418 in seinem Philonium den Aerzten, in Rücksicht auf ihre Würde sich mit Staaroperationen nicht zu befassen, dieselben vielmehr den umherziehenden Incisoren zu überlassen. Johann de Vigo empfahl 1514 in seiner Practica copiosa, dass man „Vagabundis et peregrinantibus chirurgicis" die Operation der Cataracta und selbst des Pterygium überlassen solle, da man für die Folgen dieser Operationen nie einstehen könne. — In Frankreich war im 15. Jahrhundert die practische Chirurgie grossentheils wieder in die Hände der Barbiere und der Inciseurs übergegangen. Jene bildeten eine eigene Corporation, welche ursprünglich nur die kleine Chirurgie ausüben sollte, von Zeit zu Zeit aber mehr oder weniger darüber hinausgehen durfte. Die Facultät der Aerzte zu Paris, nachdem sie aus unedler Eifersucht das Collegium der Chirurgen förmlich ausgestossen hatte, nahm diese Barbier- und Baderzunft in ihren Schutz. Zu den Inciseurs, welche Stein- und Bruchschnitt verrichteten, gehörten die Abatteurs de Cataracte. Diese mussten eine Zeitlang selbst eine Abgabe für jede verrichtete Operation der Facultät bezahlen. — Den Zustand in Deutschland noch im 16. Jahrhundert hat Georg Bartisch in seinem „Augendienst" 1583 folgendermaassen geschildert (Vorrede): „Es mangelt auch nicht an alten Weibern, losen Vetteln, Theriaksleuten, Zahnbrechern, verdorbenen Krämern, Ratten- und Mäusemännern, Spitzbuben, Kesselflickern, Säuschneidern, Schirganten und Bütteln und andern leichtfertigem, verwegenem, unnützem Gesindlin, das sich alles der edlen Augencur aus grosser Vermessenheit und Frevel vorsätzlich anmaasset und untersteht. . . Daher,

---

*) A. Andreä, Grundriss der gesammten Augenheilkunde I. Thl. Allg. A.-H.-K. 3. Aufl. Leipzig 1846. S. 158. 160. 162.

weil sogar schendlich, vergeblich, misslich und übel mit
viel gedachter, edlen, hohen Gabe Gottes der Augencur
itziger Zeit umbgegangen und gehandelt wird, ist diese
Kunst auch fast in Verachtung kommen." Die herumziehenden
Staarstecher nennt er Augenmörder und erzählt, „dass
sie die Kranken am Staar stechen an dem Markte, im Winde
und Luft vor jedermann, und lassen sie dann davon gehen,
wie die Sau vom Trog."

Es bedurfte nicht nur der Fortschritte in Anatomie
und Optik, sondern auch der ganz veränderten Anschauung
von dem Wesen der Heilkunde als Wissenschaft, um diesen
Spalt zu schliessen, welcher am längsten in Deutschland
klaffte, wo die Neigung der Nation zu Buchgelehrsamkeit
und der Mangel an Gelegenheit zu reichlicher practischer
Ausbildung in Krankenhäusern der Auffassung der Medicin
als eines gleich den beiden ersten Facultätswissenschaften
ausgebildeten Dogmatismus Vorschub leistete. Das letzte
Menschenalter hat in Deutschland die Augenheilkunde der in
Frankreich und England mindestens gleichgestellt und sie
in jeder Richtung so gefördert, dass das früher fruchtbarste
Gebiet des ärztlichen Charlatanismus als gänzlich verödet
zu betrachten ist.

XI.
Crato von Kraftheim[*].
Von
Prof. Dr. A. W. E. Th. Henschel zu Breslau.

Johann Crato von Kraftheim ist in Breslau am
22. November 1519 geboren. Verwandte von ihm lebten
seit dem XIV. Jahrhundert in Breslau, sein Vater jedoch,
Christoph Kraft, ein vieljähriger, wenngleich, wie es
scheint, nicht hoch gestellter städtischer Beamter (er war

---

[*] Denkschrift zur Feier des fünfzigjährigen Bestehens der schles.
Gesch. für vaterländ. Cultur. Breslau 1853. (Hier im Auszug.)

„Nuntius" der Kaufmannschaft), stammte aus Sachsen und kam um 1480, wie aus seiner Grabschrift hervorgeht, nach Schlesien; ein Augustin Kraft, den wir für Crato's Onkel halten, lehrte um eben diese Zeit (1485) Medicin) und Philosophie in Erfurt; die Mutter Crato's hiess Anna Biedermann; dem Andenken seiner Eltern hat er im Jahre 1557, als er, in einen höheren Wirkungskreis tretend, von Breslau schied, an der nördlichen Seite des Elisabetkirchhofs, da, wo sie ruhen, in kindlicher Pietät einen Denkstein mit einer von ihm gefertigten lateinischen poetischen Inschrift errichtet.

Den Schulunterricht erhielt er sowohl auf dem Elisabetan als auf dem Madalenaeum; in beiden kannte man ihn als einen der fähigsten, ausgezeichnetsten Schüler, weshalb er sich auch an unserem würdigen Reformator Johann Hess, dem zunächst die Oberaufsicht über die Schulen oblag, einen wichtigen Gönner erwarb. Zum Studium der Theologie bestimmt und auf des vorgenannten Pastor primarius Hess Empfehlung von mehreren Breslauischen Patriziern unterstützt, sowie vornämlich vom hiesigen Magistrate stipendiirt, was er spät noch öffentlich dankbar bekannte, bezog er, 15 Jahre alt, die Universität Wittenberg (1534), wo noch Luther selbst und Melanchthon lebten und lehrten und von hier aus die Welt geistig umgestalteten. Ein junger Mann von gründlicher Schulbildung, der protestantischen Theologie gewidmet und durch das Zeugniss ausgezeichneter Fähigkeit von Seiten eines Mannes wie Hess hervorgehoben und empfohlen, mochte wohl damals mehr als heut die Aufmerksamkeit auf sich ziehen. Darum erlangte er den seltenen Vorzug, von Luther bemerkt, geachtet, dann in seinen engeren Kreis gezogen, ja in sein Haus, an seinen Tisch genommen zu werden. Sechs Jahre hat er dies Glück, einer väterlichen Fürsorge, der wohlwollendsten Freundlichkeit des grossen Mannes und zugleich des engsten Zusammenlebens mit ihm sich zu erfreuen, genossen und der tiefen dankbaren Pietät, mit der Crato diesen

Gesinnungen entsprach, haben wir einen geistlichen und geschichtlichen Schatz, den Besitz von Luthers Tischreden zu verdanken, die Crato in seinem eisernen Gedächtniss festhielt, aufzeichnete und sein academischer Freund Andreas Aurifaber nachmals der Publicität übergab. Wenn aber Luther zunächst auf Crato's Gesinnung wirkte, so war es Melanchton, der mit gleichem Wohlwollen seinem Geiste sich widmete, ja mit noch festeren Ketten ihn an sich band und zuletzt ihn seinen Freund nannte, während er jetzt der eigentliche Lenker seiner Studien wurde und den grössten Einfluss auf seine wissenschaftliche Bildung ausübte. In seiner Schule entwickelte sich die entschiedene Richtung Crato's auf classische Studien, auf alte Sprachen und Philosophie, die nachmals ihm unter den ärztlichen Gelehrten eine so hervorragende Stelle erwarb und seinen späteren Studien die ächt antike Grundlage gab, deren eben gerade die sich erneuende Medicin bedurfte. Bald wurde in der That auch der Schüler hierin Meister: Crato widmete sich mit solchem Erfolge der Rhetorik und Eloquenz, dass Melanchton selbst nachmals einen Styl, der sich durch Klarheit und Eloquenz auszeichnete, eine Dictio Cratoniana nannte. Er mochte wohl damals schon mit besonderem und mehr Fleisse, als man bei Theologen gewohnt ist, die griechischen Aerzte in philologischer Hinsicht durchgearbeitet und daran Gefallen gefunden haben, weshalb denn Luther mit tieferem Blicke darin seinen eigentlichen Beruf herauslas und ihn selbst ermahnte, das Studium der Theologie zu verlassen und sich ganz der Medicin zu widmen: ja so nachdrücklich verfolgte der edle Reformator diesen Rath, dass, als Crato einwandte, wie zu besorgen sei, dass man ihm in Breslau bei veränderter Studienrichtung auch das bisher verliehene Stipendium entziehen werde, nach seiner eifrigen Weise er sich sogleich selbst schriftlich an den Breslauer Rath wandte und, Crato hoch belobigend, um die Fortdauer des Stipendiums für ihn intercredirte. Der Magistrat ging ohne Schwierigkeit darauf ein, und Crato gesteht mit innigem Danke im Prooemium eines seiner letzten Werke, mit welcher beharrlichen Munificenz die Väter dieser Stadt ihn 13 Jahre lang bei seinen Studien unterstützt haben. Während er nun zur Medicin überging, und sie eifrigst studirte, erlangte er in Wittenberg die Magisterwürde der Philosophie und hielt als Privatdocent daselbst Vorlesungen vornämlich in der Dialectik, in der er sich die eigenthümliche und damals neue Methode Melanchthons vollkommen angeeignet hatte, mit grossem Beifall. Unterdess ereignete sich ihm die vortheilhafte Gelegenheit, als Mentor eines Grafen von Wertheim, den er privatim ebenfalls in der Philosophie und den alten Sprachen unterrichtete, nach Leipzig zu gehen. Da fand er nun freilich damals eben so wenig als in Wittenberg berühmte Lehrer der Medicin, dafür aber, bei einer günstigeren äusseren Lage, einen bedeutenden gelehrten Umgang und einen neuen Gönner und Freund für das ganze Leben, den berühmten Joachim Camerarius, einen der gefeiertsten Philologen und Theologen Deutschlands, der bis ins späteste Alter unausgesetzt mit ihm in Briefwechsel blieb. Im Mittelpunkte des vielseitigen gelehrten Kreises aber, in welchem Crato hier schon nicht ohne Berühmtheit lebte, fühlte er endlich doch die Nothwendigkeit, zu seiner weiteren Ausbildung das damalige gelobte Land der Aerzte, Italien, zu besuchen.

Nicht mit glänzenden Mitteln, aber bereits mit einem Namen von gutem Klange und besonders mit Empfehlungen aus dem Mittelpunkte der Reformation ausgestattet, wandte sich Crato zunächst nach Augsburg, und hier boten sich ihm denn auch gleich an dem dortigen Bürgermeister Joh. B. Heinzel und dessen Bruder Paul, so wie an der patrizischen Familie der Herwarth so wirksam und reichlich ihn unterstützende Gönner dar, dass er bald in den Stand gesetzt war, Italien zu betreten. In Padua fand er sogleich auf Melanchthon's Empfehlung an Joh. Bapt. Montanus einen der berühmtesten practischen Lehrer Italiens und einen geistverwandten Meister. Crato, sein gereifter Schüler, bald auch sein Freund und Genosse werdend, gab sich ihm ganz zu eigen und strebte auf der von ihm betretenen Bahn weiter: er wurde der Herausgeber seiner Schriften und bekannte sich öffentlich zu ihm (und einem anderen weltberühmten geistverwandten Meister, Jean Fernel) als sein dankbarer Schüler in folgenden Distichen, die merkwürdig sind, weil sie das ganze medicinische Glaubensbekenntniss und zugleich eine treffende Selbstcharacteristik des Cratonischen Geistes enthalten:

Hunc animi sensum noveris esse mei:
In veterum scriptis veneror venerabile rectum;
Montanum colo, Ferneliumque sequor:
Ingeniis faveo summis quaecunque det illa
Aetas: inventis addere recta placet.
(Epigr. in lib. de peste 1555.)

Zum Doctor gekrönt, kehrte Crato, nachdem er noch in Verona eine kurze Zeit practicirt, über Augsburg in sein Vaterland zurück. Aber hier fand er sogleich ärztliche Beschäftigung an Carl's V. Hofe, der damals sich dort aufhielt, und erst im Jahre 1550 betrat er, ein hoffnungsvoller, schöner, bereits gefeierter junger 31jähriger Mann seine Vaterstadt wieder, um da bleibend seinen Sitz zu nehmen.

Und in der That, bald schien ihn hier ein doppeltes Band auf immer zu fesseln; zuerst das der Ehe, denn er heirathete im Jahre seiner Ankunft noch, am 9. December 1550, die Tochter des ersten Raths-Secretärs Joh. Scharff, eine ehrenwerthe Frau, die ihm drei Kinder schenkte, zwei Töchter, die noch in ihrer Kindheit starben, und einen 1561 geborenen Sohn, Joh. Baptist, einen Rechtsgelehrten, der, der Erbe seines nachmaligen Adels, seiner Würden und seines nicht unbedeutenden Vermögens, ihn überlebte. Andererseits wurde er sogleich bei seiner Ankunft in Breslau amtlich festgehalten. Es traf sich, dass durch den Tod des Dr. Dominic. Weiss die Stelle eines ersten Stadtphysikus vacant ward. Dr. Spremberger, der zweite Physikus, rückte in die erste Stelle, er in die zweite.

Nur zu bald erhielt die Stadt Gelegenheit, neben Crato's sich täglich mehrender Praxis sich der auf ihn gefallenen amtlichen Wahl zu freuen. Im Jahre 1553 brach, bereits zum sechsten Male in diesem Jahrhundert, in Breslau wiederum die Pest aus, die man nach der grossen Calamität von 1542 „die kleine Sterbe" nannte, in der doch gegen 3000 Menschen befallen wurden, von denen je der dritte starb. Beim Herannahen derselben machte Crato zuvörderst durch einen neuen und besseren (obgleich noch die Farbe des Mittelalters tragenden) Pestunterricht, — den ersten dieser Art hatte Matth. Auctus 1542 erlassen — sich um das Gemeinwohl verdient. Aber noch segensreicher wurde Crato's Wirken durch die trefflichen, man kann sagen ersten, gründlichen medicinisch-polizeilichen Maassregeln, die er bei dieser Gelegenheit gesetzlich einführte. Bis dahin, wo man den Grund der Pest fast nur in meteorischen und astralischen Verhältnissen gesucht hatte, war eilige und schleunige Flucht, Veränderung des Orts, die einzige Vorsichtsmaassregel, die man anwendete, in solchen Fällen gewesen, den Salernitanischen Spruch befolgend:

Mox, longe, tarde, cede, recede, redi.

Dann hatte Auctus zuerst die Aufmerksamkeit der Behörde auf die Reinlichkeit der Stadt gerichtet; Crato hingegen war der erste deutsche Arzt, der die Idee der Contagiosität der Pest mit Klarheit festhielt und sie als Princip aller Maassregeln dagegen auf die einsichtsvollste Weise consequent durchführte, indem er zugleich den Aerzten auf eine glänzende Art den Unterschied derselben von den nicht ansteckenden, den miasmatisch-fauligen Fiebern (die er febr. privatae nannte) aufdeckte. Vielleicht durch seine Anordnungen, in denen der Magistrat ihn kräftig unterstützte, ist Breslau nachmals wenigstens 34 Jahre von der Pest verschont geblieben. Wie berühmt und beliebt er sich aber bereits bei seinem ersten Auftreten in Breslau zu machen gewusst habe, beweiset, dass bereits eine im Jahre 1551 geprägte goldene Denkmünze ihm zu Ehren existirt.

Ausserdem trat er in dieser Zeit auch für die gelehrte Welt mit mehreren Arbeiten auf, die das grösste Aufsehen machten, nämlich mit einer Darstellung der Galenisch-Hippokratischen Lehre nach den Ansichten seines Lehrers J. B. Montanus (Idea doctrinae Hippocraticae etc. 1554). In Gemeinschaft mit einem Universitätsfreunde aus Fano, Alphons Bertocci, verfasste er ein therapeutisches Compendium (Methodus curativa generalis et compendiaria 1554) und ein anderes nach Montanischen Grundsätzen (Methodus therapeutice ex sententia Galeni et Joh. Bapt. Montani 1554), welche schon das folgende Jahr und später wiederholt aufgelegt wurden.

Solchergestalt schon berühmt geworden, bahnte er sich den Weg zu höheren Ehrenstellen. Auf einer ärztlichen Reise nach Wien — denn schon wurde er nach fernen Orten hin, nach Nürnberg u. a. O., als Arzt verlangt — machte er die Bekanntschaft zweier vornehmen und einflussreichen, ja politisch bedeutenden gelehrten Männer, des Dr. Sigism. Held und Dr. Georg Mehl, beide Hofkanzler, die bald seine Gönner, Verehrer und endlich die Triebfedern wurden, dass er im Jahre 1556 einen Ruf nach Wien als Leibarzt Ferdinand I. erhielt, dem er nicht anders als folgen konnte.

Crato wusste bald das Vertrauen des Kaisers in so hohem Grade zu gewinnen, dass er ihm nicht blos bis an sein Lebensende durch die acht nächsten Jahre ein treuer Arzt, sondern ihm ein oft befragter und vertrauter Rath in vielen nichtärztlichen Dingen, und bald ein Mann von grossem äusseren Gewicht und Einfluss ward. Möchte man fragen, wie er, ein eifriger Protestant und Freund der Vorkämpfer der Reformation, in dieser Stellung unter so vielen nothwendig gegnerisch Gesinnten habe eine solche Stellung einnehmen können, so muss man bedenken: der Religionsfriede war 1555 geschlossen, die Parteien standen einander, wenngleich gespannt und sich beobachtend, wenigstens kampflos gegenüber. Der Kaiser, obwohl vollkommen Katholik seiner Gesinnung nach, war bekanntlich in seinen Schritten im Allgemeinen theils an sich selbst gemässigt, theils durch allerlei politische Verhältnisse an entschieden feindlichem Einschreiten gehindert, und hoffte immer noch, dass die Wunde, die der Kirche geschlagen war, bei gelinderer Behandlung von selbst vernarben werde; und was konnte man am Ende gegen einen Mann ausrichten, bei dem der Kaiser selbst über seine Häresie hinwegsah; wie ja denn von jeher die Aerzte die Prärogative der Religionsfreiheit gehabt, und um des leiblichen Wohles Willen König und Kaiser, ja selbst die frömmsten Päpste sich Ketzer und Juden zu Leibärzten zu wählen nicht gescheut haben! Im Gegentheile breitete sich Crato's einflussreicher und insbesondere practischer Wirkungskreis in diesem Decennium dergestalt aus, dass er oftmals unter der Last der Geschäfte zu erliegen fürchtete, und mit Bedauern sich in seinen Studien und an der Vollendung mehrerer angefangener literarischer Arbeiten vielfältig gehindert sah. Dennoch erschien während der vier letzten Lebensjahre Ferdinands von Crato, der ausserdem durch wiederholte Krankheiten seines im Jahre 1561 ihm geborenen Sohnes von vielen häuslichen Sorgen bedrängt war, eine in katechetischer Form abgefasste allgemeine Theorie der Medicin unter dem Titel: Isagoge Medicinae. Venet. 1560; wahrscheinlich schrieb er auch um diese Zeit die von L. Scholz nach Crato's Tode herausgegebene allgemeine Therapie unter dem Titel: Miccotechne s. parva ars medicinalis, und endlich kam 1563 seine Perioche methodica in libros Galeni etc. heraus.

Ferdinand endigte am 25. Juli 1564 unter dem Beistande und den Trostsprüchen Crato's an derselben Krankheit, welcher dieser 21 Jahre später unter denselben Erscheinungen erliegen sollte.

War Crato aber mit Jenem schon in einem mehr als

blos ärztlichen Verhältniss gewesen, so waren die Beziehungen noch weit inniger, in die er mit dessen fast unter seinen Augen aufgewachsenen Sohne, dem edlen, sinnigen Maximilian II. längst getreten war. An ein Aufgeben seines leibärztlichen Amtes war daher unter diesen Umständen, so sehr Crato sich auch jetzt schon von dem unruhigen Hofleben hinwegsehnte, nicht zu denken. Und es zeigte sich in der That bald, dass er, der Leibarzt auch des Sohnes werdend, Recht gethan habe, der Forderung der Umstände nachzugeben, da nun erst seine Stellung am Hofe eine wahrhaft erfreuliche, glänzende und in jeder Beziehung heilbringende wurde.

Der Kaiser, dem Crato's Beistand ein stets unentbehrlicher war, da er seit seinem zwanzigsten Jahre an Herzklopfen litt, ehrte ihn nicht blos, sondern liebte ihn und vertraute ihm unbedingt, daher Crato in alle damaligen Verhältnisse und Staatshändel eingeweiht war, in Allem um Rath gefragt ward, aber auch über Alles, woran er Theil nahm, ein unverbrüchliches Schweigen beobachtete, wie sich denn auch in seinem vorletzten Lebensjahre unter seinen Versen die Worte finden: „Arcanas regum res ut mecum sepeliri, vivere in arcanis sic mea cura est." Gewiss ist indess, dass Crato in den zwölf Jahren, die er Maximilian diente, wahrhaft eine Stütze und ein Pfeiler des Protestantismus am deutschen Hofe gewesen ist und sein Walten in Wien als ein Ereigniss, als eine Thatsache für den evangelischen Glauben überhaupt angesehen ward; und eben so unzweifelhaft ist, dass, wer überhaupt am Hofe eine Gunst, ein Privilegium, eine Anstellung suchte, zunächst sich an Crato's indirecten Einfluss wandte; dass er Viele vor Gewaltthätigkeiten und Bedrückungen geschützt, Manche aus den grössten Bedrängnissen gerettet und unter Anderen auch der Stadt Breslau durch seine Vermittelung die wesentlichsten Dienste geleistet hat, die daher auch schon früher, 1562, bei der Ernennung zu seinem Amte unter Maximilian II., durch ein feierliches Gratulationsschreiben ihn geehrt und ihm gedankt hat. Die grosse politische Rolle, die somit Crato als der Vertraute eines liebenswürdigen, wohlgesinnten und menschenfreundlichen Monarchen in Wien in Beziehung auf Religionsangelegenheiten spielte, war freilich in Beziehung auf den Kaiser selbst eine sehr leichte. Denn wir wollen nicht sagen: die Hinneigung desselben zum Protestantismus, aber doch die Milde und Toleranz, mit welcher er sich über die Parteien zu stellen suchte, ist bekannt genug. Damals war das goldene Zeitalter der Reformation in Deutschland, wenigstens gewiss in Oesterreich. Alle mächtigeren weltlichen deutschen Fürsten, Baiern ausgenommen, evangelisch, und ein Kaiser von Maximilians Gesinnung an der Spitze! Hätte der Protestantismus diese Conjunctur benützt und seine eigenen Eingeweide nicht in anticalvinischem Zelotismus selbst zerrissen, es hätte ein Menschenalter später keinen 30jährigen Krieg geben können!

In dieser Zeit, in welcher Crato, für seine Person gewiss, so viel als einem Einzelnen zustand, zu dem damaligen Stande der Dinge beigetragen hat, geschah es, dass Maximilian ihn zu seinem Geheimen Rathe ernannte und auf Veranlassung, dass Mehrere des Namens Kraft am Wiener Hofe zu thun hatten, ihn mit dem Namen v. Kraftheim in den Adelstand erhob, ferner ihm mehrere ehrenvolle Personalprivilegien, z. B. das, Armigeri Sacri Rom. Imperii zu creiren, ihnen das Wappen zu verleihen, ferner das, uneheliche Kinder zu legitimiren und selbst das Recht, Goldmünzen prägen zu lassen, ertheilte.

Als Maximilian 1563 in Breslau war, besuchte er Crato in seinem Hause in der Nachbarschaft von Andreas Dudith's Wohnung und schenkte ihm bei dieser Gelegenheit zum Andenken einen kostbaren Tisch, der seinem Vater Ferdinand zur Speisetafel, ihm selbst aber zum Arbeitstisch gedient hatte, und überall mit Sentenzen und lateinischen Sprüchen von der Hand des Kaisers beschrieben war, die er in einsamen Stunden der Meditation als momentane Ausdrücke seiner Empfindung und seines sinnvollen Nach-

denkens spielend darauf hingekritzelt hatte. Es sind viele
Aeusserungen darunter, die einen Blick in die Seele Maximilians verstatten, z. B.: Audi, vide, tace, si vis vivere in
pace. — Si bona suscepimus de manu Domini, mala autem
quare non sustineamus? — Frustra docent me docentes
mandata hominum. — Deus providebit. — Omnia si perdas
famam servare memento — u. s. w. Der mit den Verhältnissen Vertraute kann sich die Situationen zu diesen Gedanken leicht hinzudenken. Crato hatte die Geschichte
dieses Tisches auch darauf geschrieben: „ne hanc tabulam
tanquam vile lignum haberent posteri." — Den höchsten
Beweis von Vertrauen gab ihm der Kaiser noch ein Jahr
vor seinem Tode 1575, zu einer Zeit, wo Crato, wie wir
sehen werden, bereits mit manchen Widerwärtigkeiten an
seinem Hofe zu kämpfen hatte, indem er ihm und erblich
seinem Sohne die Würde eines Comes sacri Palatii (Pfalz-
grafen) und das Privilegium verlieh, Doctoren der Juris-
prudenz, der Philosophie und Medicin mit allen und all-
gültigen academischen Rechten zu creiren.

Während dieser Periode, der glänzendsten in seinem
äusseren Leben, das er nun dem Dienste des Kaisers und
einer zuletzt ihn fast erdrückenden Praxis widmete, ruhte
beinahe ganz seine schriftstellerische Feder; dagegen, indem
durch ein Decennium nichts Neues von ihm im Druck erschien, worüber er oft genug gegen seine vertrauteren
Freunde klagte, entfaltete sich die ungeheuere consultato-
rische und epistolarische Thätigkeit Crato's, durch welche
er wenigstens eben so sehr, als durch literarische Arbeiten
auf seine Zeit gewirkt hat; seine Correspondenz dehnte sich
fast über ganz Europa aus, und alle Welt verlangte brief-
lichen Rath von ihm; die ausgezeichnetsten Männer der
Zeit strebten darnach, mit ihm in gelehrten Briefwechsel
zu treten, und ein Gedankenaustausch ging in dieser Correspondenz von ihm aus, in welchem unläugbar das regste
geistige Leben des Jahrhunderts sich bewegte und Unzäh-
liges von den wissenschaftlichen und practischen Aufgaben

desselben lange vorher mit ihm vorbesprochen ward, ehe es sich in der Literatur als selbstständiges Product, und in der Praxis als wirksame Thätigkeit geltend machte.

Crato lebte in dieser Zeit bald in Wien, bald in Prag, und begleitete den Kaiser auf seinen Reisen nach Presburg, Ebersdorf, Augsburg u. s. w.; jedes Jahr brachte er aber wenigstens einige Monate in seiner Vaterstadt zu. In Breslau war nun dazumal ein splendides geistiges und gelehrtes Treiben. Von hier aus zum Theil hatte sich die Reformation verbreitet, und mit ihr zugleich der Geist der Gelehrsamkeit, den sie überall unter den Protestanten erweckte; in wenigen Städten aber gab es eine so grosse Anzahl namhafter, in jedem Felde der Wissenschaft gelehrter Männer, als in Breslau. Crato, der sich im Centrum der höheren und patrizischen Gesellschaft bewegte und selbst eines derselben war, musste sich hier um Vieles wohler, als in der schwülen Hofluft Wiens befinden, da er in dem ausgebreiteten geselligen Umgange, dessen er hier pflegte, sich (wenigstens zwischen 1562—1572) nur von Verehrern und Gleichgesinnten umgeben sah. Da war z. B. der geistreiche und universell gelehrte Ungar Andreas Dudith, ehemaliger Bischof von Fünfkirchen, der, nachdem er sich vom Katholicismus abdicirt und ein liebenswürdiges Fräulein geheiratet, sich mit seinen Reichthümern nach Breslau zurückgezogen hatte: ein arger Ketzer freilich den Katholiken (unter denen er gleichwohl später noch eine grosse Rolle als Gesandte spielte), aber auch den Protestanten (denn seinem Glauben nach war er eigentlich Socinianer), aber gesellig und von weltmännischen Formen, mit welchem Crato fleissig disputirte, da in der That die Medicin nicht den kleinsten Theil seiner wahren Polyhistorie bildete; da war die hochgebildete Familie der v. Rehdiger, wovon der vielgereiste, classisch durchgebildete Nicolaus v. Rehdiger Sohn nachmals Cratos vertrauter Freund und ein Mann wurde, den man auch im Auslande eine Zierde Schlesiens nannte. Im Sommer verweilte Crato häufig auf seinem schönen Gute Rückers in der Grafschaft Glaz, von wo aus unzählige seiner Briefe an die alten und neueren Freunde in Wien, z. B. den Hofkanzler Mehl, den Hofzahlmeister Hackel, den Cavallerieoberst von Wolzogen und an Thomas Jordanus, Arzt zu Clausenburg in Mähren, datirt sind.

In eben dieser glanzvollen Zeit (1562—1570) stiegen aber auch bereits am Horizonte seines Lebens allmählig die Wolken herauf, die den Abend desselben nach und nach trübten und endlich ganz verfinsterten: Mühsal, Sorge, Verdruss, Krankheit. Sein ihm 1561 geborener Sohn krankte die drei ersten seiner Lebensjahre fast beständig, und eben so seine Frau zu wiederholten Malen gefährlich, oft, wenn es ihm, entfernt vom Hause, unmöglich war, vom Kaiser abzukommen, der geheimen Sorgen über manche am Hofe obschwebende Angelegenheiten, die er nur leise in seinen Briefen andeutet (denn „in . publicis" schreibt er 1563 an v. Rhediger, „omnia perturbatissima") zu geschweigen. Je mehr sein Ruf wuchs, desto mehr häuften sich seine Geschäfte, also dass er durch sie in einen steten inneren Kampf mit seinem Studienbedürfnisse und seinem äusseren Beruf gerieth; dazu fing nun seine Gesundheit seit 1562 zu wanken an; kränklich aber, musste ihm die Last seiner Geschäfte doppelt drückend werden. Schon im Jahre 1568 (im 49sten Lebensjahre) schreibt er: „infirmus homo sum et natura debilior. Mea quidem vita ad vesperam vergit." Solche Klagen mehren sich seit den 70ger Jahren des XVI. Jahrhunderts fortgehends: wie denn Crato gegen Th. Jordanus 1571 sich äussert: „sum admodum aeger et valetudinem meam vix sustento", und an denselben im Mai: „Enecor curis et curationibus aulicis"); sie werden um so lauter, als er im Jahre 1573, nach beständiger bis dahin fortgedauerter allgemeiner Kränklichkeit, im Februar von einem heftigen rheumatischen Fieber mit Zahnweh, Ohrenweh und Heiserkeit eine Zeitlang bettlägrig ward, wovon er sich erst im folgenden Jahre etwas, doch nicht ganz erholte.

Dass Crato unter diesen Umständen so vielfältig durch seinen Beruf in Anspruch genommen und doch stets körperlich gehemmt und sich über seine Kräfte anstrengen müssend, sich höchst unbehaglich fühlte, ist begreiflich. Längst war er des Hoflebens müde, wo auch er die Erfahrung machte, die Jeder unserer unter höheren Ständen practicirenden Kunstgenossen macht, dass die vornehmen Herrschaften meinen, der Arzt habe dafür, dass er die Ehre hat, ihnen mit Aufopferung zu dienen, ihnen noch obendrein als für eine Gnade Dank zu sagen! Er sehnte sich nach seinem häuslichen Heerde, nach seinem Familienleben, für das ihm das glänzende Elend des Hofes keinen Ersatz geben konnte. Im Jahre 1574 erreichte diese Unzufriedenheit mit seiner Lage fast schon den Gipfel, als er, an den Kaiser gekettet, mit ihm (vom Juni bis in den December) in Ebersdorf bleiben musste, während seine Frau daheim an der Ruhr schwer krank lag. Wir müssen von ihm lesen: „me nihil propemodum in omni vita delectat et taedet rerum omnium" und „Aulae tanquam Caucaso sum alligatus et Jovis avis ita cor atque jecur depascitur." Und doch liebte er den Kaiser, und als es im Jahre 1575 mit dessen Kränklichkeit ernster wurde, war er in um so tieferer Bekümmerniss, als gerade in diesem Jahre derselbe ihn mit neuen Beweisen seiner Gnade ehrte.

Indess wurde offenbar am Ende sein ärztlicher Einfluss auf ihn geringer, da sich allgemach andere Personen am Hofe in seinen Rath einzudrängen und Crato bei Seite zu schieben suchten. Das zeigte sich nun ganz deutlich in der letzten Krankheit des an Steinschmerzen leidenden Kaisers, den Crato im August 1576 nach Regensburg begleitet hatte. Crato, der den ganzen Nachwinter krank darnieder gelegen und sich kaum davon erholt hatte, mochte deshalb wohl vom Kaiser (wie dieser wenigstens vorgab) geschont und nicht oft in den Palast gerufen werden. Bei einer solchen Abwesenheit musste er aber mit Bedauern erleben, dass ein Weib aus Ulm, eine Pfuscherin, an den Hof geholt ward, um den Kaiser zu behandeln, und ihr unsinniges Quacksalberwerk wirklich begann. Vergebens trat einstmals Crato vor dem ganzen Hofe und dem versammelten Corps der Leibärzte entrüstet vor des Kaisers Bette und erklärte, „er wolle nicht schweigen wie ein stummer Hund, wo es das Wohl des Herrn gelte: da seien eine Menge ausgezeichneter Aerzte, wovon jeder sich der Cur zu unterziehen bereit sei, und wenn Keiner möge, so wolle er sie allein auf sich nehmen." Indessen „vicit fatalis improbitas" setzt Crato hinzu. Der Kaiser starb am 12. October 1576, wie die Section ergab, an kranken Nieren und Ureteren, Hydrothorax und Hydropericardium, auch fand sich ein steinhartes Coagulum im Herzen — welche Zustände die Pfuscherin mit einem gewissen antiepileptischen Kräutertrank behandelte, während Crato vernünftigerweise aber vergebens auf den Gebrauch der Diuretica gedrungen hatte.

Gleich nach dem Tode Maximilians forderte Crato, immer mehr sich nach Ruhe sehnend, krank oder kränkelnd, abmagernd, harthörig geworden, seine Entlassung und begab sich nach Breslau, um dort seine Tage zu beschliessen. Allein Rudolf II., der neue Kaiser, war keineswegs gesonnen, ihn zu dimittiren, und wir schliessen aus einem Briefe Monau's vom 22. Januar 1577, dass er nach Ausgang des Jahres 1576 wieder an den Hof zurückgerufen ward, also dass er denn Leibarzt des Enkels, wie er der des Vaters und Grossvaters gewesen ist — gleich seinem berühmten und in vieler Beziehung ihm ähnlichen Zeit- und Standesgenossen Ambrosius Paré in Frankreich. Crato nahm diese Gunst bei seinem immer krankenden Körper wie ein Missgeschick auf, während seine Freunde sie als einen Triumph über seine Gegner, deren nun allerdings gar manche waren, ansahen; nur Pflichtgefühl bewog ihn, sie anzunehmen.

Mittlerweile hatte sich indessen am Hofe in Prag, so überhaupt, wie für Crato, leider der Wind gar sehr gedreht. Rudolf II., unter den Augen Philipp II. in Spanien erzogen, verläugnete seinen persönlichen Hass gegen die Protestanten, so freundlich er sich auch anfangs und vorher als König gegen sie gestellt hatte, späterhin nie, und alle die Freiheiten, die diese unter seinem Vater errungen hatten, gingen unter dem Sohne bei der wachsenden Macht der Jesuiten und zum Theil freilich auch durch die Schuld der Evangelischen selber verloren. Crato scheint nun auch von Seiten seiner Religion einen misslicheren Stand gehabt zu haben. Gleichwohl gab der regierungsträge, geistig sehr beschränkte Kaiser sich zu sehr als einen Freund der Wissenschaft und Kunst (Curiositäten), als dass er hätte einen Mann von Cratos Celebrität abdanken wollen; aber es kam doch nie zu einem so vertrauten Verhältniss mit ihm, wie mit dem Vater, denn gerade in denjenigen wissenschaftlichen Gebieten, mit denen Rudolf sich am eifrigsten beschäftigte, der Alchymie und Astrologie, war der aufgeklärte Crato am wenigsten mit ihm gleichen Sinnes. Daher machte sich dieser auch, so oft er irgend konnte, vom Hofe davon, besonders im Sommer, um nach Rückers zu gehen, weil er das Treiben am Hofe nicht mit ansehen mochte. Eine schwere und auch für Crato verhängnissvolle Krankheit des Kaisers im Jahre 1578 rief ihn indess immer bald wieder zurück und in eine verdoppelte Thätigkeit, der er jetzt kaum mehr gewachsen war.

Dadurch bereitete sich seine eigene spätere Katastrophe auch körperlich vor. Crato hatte bis dahin öfters an katarrhalisch-rheumatischen Zufällen, wie sie bei Personen von gebrochener Constitution in unaufhörlichem proteischem Wechsel habituell vorkommen, gelitten; er war dadurch fast immer leidend, schwächlich, vielfach gehemmt, aber doch nicht der Thätigkeit unfähig geworden. Jetzt aber machte sich die tiefere Verletzung des Kerns seines körperlichen Lebens geltend. Als nämlich im Jahre 1578 Kaiser Rudolf schwer erkrankte und Crato fast jede Nacht bei einem abscheulichen Wetter aus dem Bette in den Palast geholt wurde, nahm sein Lungen-Katarrh auf eine bedenkliche Weise zu, und es gesellte sich Dyspnöe hinzu. Dennoch war Crato genöthigt, jede Rücksicht auf seine Gesundheit seines Amtes wegen bei Seite zu setzen, und dadurch bildete sich denn ein auszehrender Zustand bei ihm aus, in welchem er die nächstfolgenden drei Jahre fortkränkelte, ohne indess seinen Dienst aufgeben zu können. Denn obwohl man ihn oftmals die Treppen des Palastes hinaufführen und mit den Armen stützen musste, so musste er doch fort und fort über seine Kräfte thätig sein, wiewohl er seltner an den Hof kam und namentlich von den im Jahre 1579 am Hofe in Saus und Braus gefeierten grossen Hochzeitsfestlichkeiten sich fern halten musste. Dafür enthalten mehrere seiner ungedruckten Briefe aus dieser Zeit nur immer Variationen über das bleibende Thema: „Utinam aula carere concedatur!" Im Jahre 1582 im Januar zwang ihn indess, wie es scheint, der gestiegene Grad seiner Leiden, wenn nicht etwas noch Anderes dabei bestimmend mitwirkte, endlich den Hof auf immer zu verlassen. Er zog sich nach Rückers zurück und corrigirte und änderte dort mehrere seiner älteren Werke zum Behufe neuer Auflagen, wobei bemerkenswerth ist, dass er Mehreres, was aus seiner einer früheren Zeit angehörigen Behandlungsmethode herstammte, wegliess, und Anderes, was er nach Sitte der damaligen Zeit bis dahin als sein ihm eigenthümliches Arcanum geheim gehalten, jetzt ohne Rückhalt veröffentlichte.

Noch einmal kehrte er im Jahre 1582 zu seinem alten Lehrer J. B. Montanus zurück und zu dem verdienstlichen Werke vollständigerer Sammlung von dessen Consultationen, wobei ihm Monau der Jüngere behülflich war. Ja im folgenden Jahre, 1583, wo er selbst fast nicht mehr schreiben, sondern nur dictiren konnte, auch fast gar nicht aus dem Bette kam, dictirte er deutsch sein gereiftestes deutsches Werk, das sein Freund Weinreich unter dem Titel „Comm. de vera praecavendi et curandi febrem pestilentem ratione" ins Lateinische übersetzte, welches Crato selbst nochmals revidirte, und wie nun die Pest überhaupt und die Erforschung der Natur derselben fast seit 40 Jahren die mit vielen Freunden durchdachte und besprochene Aufgabe seines Lebens gewesen war, so vollendete er noch in seinem letzten Lebensjahre auch seine gereifteste theoretische Arbeit, bei welcher sein Freund, Dr. Johann Hermann ihm zur Hand war, unter dem Titel „Assertio Joh. Cratonis de peste," welche wahrlich nicht die Spur von geschwächten Geisteskräften, sondern vielmehr den Stempel des geschärftesten Nachdenkens an sich trägt und die schliessliche, theils Berichtigung, theils weitere Motivirung und Vertheidigung seiner Ansichten über diese Krankheit enthält.

Je mehr aber Cratos Körperschwäche zunahm, desto mehr suchte er Kraft im Religiösen. Obgleich Luther wohlweislich ihn von der theologischen Laufbahn abwendig gemacht hatte, so hatte Crato doch zu jeder Zeit seines Lebens eine besondere Vorliebe für theologische Studien sich bewahrt. Schon im Jahre 1571, als er zu kränkeln angefangen, erwachte dieselbe mit erneuter Stärke, und wahrscheinlich verfasste er in dieser Zeit die nach seinem Tode herausgekommene seltene Schrift „Oratio de sacra philosophia". Jetzt aber auf seinem Schmerzenslager wurden theologische Schriftsteller seine Lieblingslectüre, und in religiöser Poesie drückte er, was in dieser Beziehung seine Empfindung oder sein Nachdenken erregte, aus. Matth. Dresser hat unter dem Titel „Meletemata Joann. Cratonis" die Reliquien dieser seiner religiösen Musse aufbewahrt: eine Sammlung lateinischer geistlicher Gedichte, gleichsam ein religiöses Tagebuch, in welchem er seine moralischen, frommen, ja ascetischen Gefühle niederlegte, voller tiefer Gedanken im Hinblick auf Gott, Christus, Erlösung und Unsterblichkeit, bald klagenden, bald tröstenden, bald forschend reflectirenden Tones: ein achtungswerthes Denkmal der letzten Flügelschläge seines nie ruhenden geistigen Lebens.

Bis ins Jahr 1582 hatte sich Crato jedoch bei guter

stärkender Kost noch meist auf den Beinen erhalten. Im Jahre 1583 erlag nun auch die Verdauung, während unter unaufhörlichem Wechsel von bald milderen, bald heftigeren Katarrhanfällen gastrische Affectionen, völlige Appetitlosigkeit, beständige Flatulenz, eine Entzündung am Beine und zuletzt gar noch Nierenschmerzen zu seinen Leiden hinzutraten, so dass er nun beständig liegen musste. Im August 1583 fühlte er sich in einem so verzweifelten Zustande, dass er „die Ross" nach dem Sohne in Rückers sandte, um in Breslau, wohin er auf Zureden seiner Freunde sich im Sommer begeben hatte, bei ihm gegenwärtig zu sein. Im Jahre 1585 bildete sich deutlich hectisches Fieber aus, und allnächtlich litt er an Hitze und Athemnoth. Bei diesem Zustande enthielt er sich als ein weiser Arzt aller Arzneien, und erwartete sein Geschick mit Ruhe.

Aber der Kelch seiner letzten Leiden war noch nicht geleert, es sollte noch ein schwerer Tropfen hineinfallen. Sein letztes Lebensjahr (1584) war das sogenannte „grosse Pestjahr", in welchem Breslau allein über 9000 Menschen (also, da Viele abwesend waren, weit über den fünften Theil seiner damaligen Bevölkerung) verlor. Sie brach im Mai aus. Wer nur irgend aus den höheren Ständen konnte, verliess die Stadt; täglich trug man einen seiner Bekannten, seiner Freunde als Opfer hinaus. Bald brach die Pest auch in sein Haus ein; am 3. Juni raffte sie seine Gattin, seine treue Lebensgefährtin durch 36 Jahre, hinweg. Sein Haus wurde (nach vorn) abgesperrt, die Wirthschaft versah seine Schwester. Im Juli nahm die Krankheit überhand. Allmählig begannen alle Lebensmittel unmässig sich zu vertheuern; Alles verliess ihn; „es kohmet niemandt zu mir," klagt er, „vnd begiebt sich auch Morgen Mag. Weinrich auf ein Dorf." Er schreibt seinem Sohne, „er hätte den Ehrb: Rath angesprochen, Wo Gott was an mir thätt, meinen elenden Körper Ehrlich und Christlich zu bestatten, auch meine Sachen Dir zum Besten zu versiegeln, haben mir es zugestimmt." Nun redete man ihm zu, da es an den wichtigsten Lebensbedürfnissen gänzlich mangelte, ebenfalls die Stadt zu verlassen; er schreibt seinem Sohne: „hab aber keine Wagen und Pferde, und jeder hat Abscheu vor denen, die von hinnen kohmen. Möchte wohl auch nach Rückers, fürchte aber Euch lästig zu fallen." Er erzählt von seiner unglaublichen Schwäche und bittet den Sohn, seiner in seinem „Gebett" eingedenk zu sein. „Frage zwar wenig darnach Quo genere mortis obeam, metu in Christo obterminem, weil mahn aber bei den affectis so grosse obscheu, bitte ich der güttige barmherzige Gotte wolle mich beschützen." Sein letzter kleiner eigenhändiger kaum leserlicher Brief an den Sohn (ohne Datum) ist voll rührender überströmender Liebe. Ein Steckfluss machte am 19. (al. 24.) October 1585 seinem Leben ein Ende. Er starb mit vollem Bewusstsein furchtlos, auf eine wahrhaft christliche Weise, in den Armen seines einzigen treu bis in den Tod ausharrenden Freundes Dr. Joh. Hermann. Als dieser seinen letzten Seufzer zu vernehmen glaubte und forschend, ob er lebe, ihm ins brechende Auge blickte, flüsterte er noch mit kaum vernehmlicher, aber ruhiger Stimme doppelsinnig die Worte der Schrift: Ego vivo et vos vivetis.

Ganz von seiner wissenschaftlichen Bedeutung abgesehen, gehörte Crato schon äusserlich zu den hochgestellten öffentlichen Personen, zu den politisch wichtigen Notabilitäten seiner Zeit. Durch ein selten günstiges Geschick wurde er frühzeitig in die geistige Obhut der beiden Gründer der Reformation gestellt. Man kann ihn einen der hervorragendsten Pfleglinge beider grossen Männer nennen: erzogen und gebildet, lange bevormundet und väterlich geleitet von ihnen, war er gleichsam ein erster Zögling der Reformation selbst, ein wohlgeratener erster Abdruck ächt protestantischer Bildung, in seinem ganzen Charakter und selbst seinem Wissen. Daher blickte seine Zeit auf ihn als einen der hervorragenden Protestanten, ja die Zierde und Stütze des Protestantismus, denn mit jenem ihm anerzogenen neuen, aus erster Quelle geflossenen Bildungsgeiste war er auf einen hohen, so vornehmen als einflussreichen Standpunkt im äusseren Leben, in der Hauptstadt des österreichischen Kaiserhauses, er, ein Protestant, recht ins Centrum des Katholicismus gestellt: in der Nähe und ,im vertrauensvollsten Umgange dreier Kaiser, von denen selbst der ihm am wenigsten gewogene seiner nicht entrathen zu können glaubte, wirkte er an einem die Geschicke des Protestantismus bestimmenden Hofe, wo er die heitere Lebenskunst und persönliche Geschäftsgewandtheit des allgefeierten Arztes mit dem Ernst einer tief religiösen, in seinem Glauben unerschütterlichen Gesinnung versöhnend, die Würde der neuen Religionspartei mit eben so viel Kraft als Geschick, ja mit glänzendem und auf weit reichendem persönlichen Privateinfluss gegründeten segensreichen Erfolg zu repräsentiren bestimmt war.

Doch nicht blos seiner äusseren und confessionellen Stellung nach war Crato über die Grenzen seines Vaterlandes hinaus ein Mann der Celebrität und von Wichtigkeit. Er ragte auch als Gelehrter und insbesondere als Gelehrter in dem Fache hervor, welches zu seiner Zeit das in der Gelehrsamkeit schlechthin maasgebende war und im Brennpunkte der damaligen allgemeinen Bildung stand, im Fache nämlich der classischen griechischen und römischen Literatur. Crato's Zeit war nämlich diejenige, in welcher man nicht mehr blos wie im XV. Jahrhundert daran arbeitete, die Nebel, welche ein halb Jahrtausend den wissenschaftlichen Männern den Rückblick auf die ächten classischen Vorbilder verhüllt hatten, durch die Kenntnisse ihrer Originalwerke zu zerstreuen, sondern der Vorhang war nun völlig in die Höhe gerollt, die Sonne eines neuen Tages schien licht und hell in die alte Welt zurück: man drang in den Sinn, die Sprache, in den besonderen Inhalt der classischen Schriftsteller ein, die ungeheuerste Vervielfältigung derselben durch den Druck legte sie Jedermann unmittelbar in die Hände: ihr Studium war jedes Gelehrten Sache und das

Schiboleth der Gelehrsamkeit selbst geworden; eine neue von der Milch der Alten genährte Bildung drängte sich bereits als reifende Frucht der allgemein gewordenen Studien hervor, und zugleich hatte sie die Bedeutung gewonnen, dass die Reformation selbst sie zum Träger ihres Geistesumschwungs, zum Stützpunkt ihrer geistigen Existenz, ja zum Schilde, wodurch man sich gegen die alte Mönchsbarbarei deckte, erhob. Unter die unzähligen evangelischen Gelehrten des XVI. Jahrhunderts, die eben durch eine solche fundamentale classische Gelehrsamkeit sich einen Namen, eine eigene Würde und Autorität begründen und aus dem Staube der Obscurität sich hervorarbeiten mussten, damit ihre Stimme in der heiligen Sache, die sie vertraten, nicht ungehört verhallte, gehörte auch Crato, dessen Namen bereits von der Universitätszeit in Wittenberg und Leipzig her der Ruf einer tiefen classischen Erudition begleitete. Neben seinen vielen anderweitigen Beschäftigungen die humanistische Kenntniss als Kern und Fundament aller Bildung ansehend und dem Studium der Alten als wie einem Genusse durch alle Phasen des Lebens treu bleibend, war er unter dem Studium des Cicero ein Jüngling, unter dem des Aristoteles ein Mann, unter Platons Verehrung ein Greis geworden: von seinen Originalstudien in den alten Aerzten hier gar nicht zu reden! Als Gelehrten ersten Ranges erkannten alle seine Zeitgenossen ihn an, und mit den grössten unter ihnen, wie Aldus Manutius, Paulus Manutius (seinem Gevatter), Henricus Stephanus (seinem innigen Freunde), Anton Riccoboni, Carolus Sigonius, Petrus Victorius, Hubert Languet im Auslande, mit Joach. Camerarius, Joh. Caselius, Joh. Sambucus, Georg Calaminus in den benachbarten Ländern, wie mit unzähligen Anderen stand er in brieflichem Verkehr über gelehrte, die classische Literatur zunächst betreffende Gegenstände; auf gleiche Weise pflog er aber auch mit Rechtsgelehrten und Theologen einen nicht blos freundschaftlichen, sondern zugleich von der Anerkennung, die man ihm überall zollte, zeugenden Briefwechsel. Der Nachwelt sind die Denkmäler der Verehrung, der er genoss, noch heut erhalten in einer unschätzbaren Autographen-Sammlung, die in neun Foliobänden 3031 Briefe, von 426 Briefstellern, von allen Ländern und aus allen Ständen, von Kaisern und Kurfürsten bis zu einfachen Kaufleuten und Schulmännern herab und aus allen Confessionen an ihn gerichtet, enthält, und die Rhedigersche Bibliothek besitzt. Diese Briefvolumina, worin so viele bedeutende Männer der verschiedensten Art und des verschiedensten Bekenntnisses in geistiger Wechselwirkung mit Crato erscheinen, alle als seine Verehrer sich zu erkennen geben, müssen einem Jeden Achtung einflössen vor der Geltung, in der Crato in seiner Zeit stand, und können uns rechtfertigen, wenn wir unbedingt ihn einen der gefeiertsten Gelehrten Europa's im XVI. Jahrhundert nennen.

Wie nun aber vollends Crato als **Arzt** der Verehrung seiner Zeitgenossen theilhaft war, dafür dürften wir weitere Zeugnisse und Beweise beizubringen kaum erst nöthig haben: die Aeusserungen über seine ärztliche Berühmtheit und die thatsächlichen Beläge dafür liegen in seinen Briefen und Consultationen, welche theils in der obenerwähnten Rhedigerschen Sammlung handschriftlich vorhanden, theils in der Collection desselben, welche gedruckt und von **Laur. Scholz** 1671 in sieben Theilen, 8., herausgegeben sind, in gleich grosser Menge vor. Die gefeiertesten Aerzte der damaligen Zeit und zwar gerade die besten unter den damals lebenden in Europa, wie z. B. in Spanien **Andr. Vesalius**, in Italien **Hier. Capivacci, Hier. Donzellinus, Hieron. Mercurialis** (in Forli), **Oddus de Oddis, Donato Altomare**, in Frankreich **Joh. Argentier, Lor. Joubert**, in der Schweiz **Conrad Gesner, Winther v. Andernach, Jac.** und **Theodor Zwinger**, in Belgien **Abrah. Ortel** zählten ihn zu den sich Ebenbürtigen, discutirten und beriethen sich mit ihm über die obschwebenden ärztlich wissenschaftlichen Fragen, während er für die gesammten schlesischen Aerzte seiner Zeit der eigentliche geistige Mittelpunkt und gleichsam das Orakel war, das man in wichtigen Fällen zu Rathe zu ziehen selten unterliess. Es war nur eine Stimme unter Allen, dass Crato zu den grössten ärztlichen Künstlern der damaligen Zeit zu zählen war und zugleich zu den — wenn ärztliches Verdienst von ärztlichem Glücke zu trennen ist — glücklichsten gehörte. Daher schätzte sich während seiner Lebenszeit und noch lange Jahre nach seinem Tode Jeder glücklich, der ein Recept von Crato in seinen Besitz bringen konnte; unter den Aerzten war eine förmliche Jagd nach Cratonischen Formeln, die man als Arcana geheim hielt, und die Aerzte selbst, die sich des Besitzes solcher Recepte rühmen und bedienen konnten, wurden für um so empfehlenswerther gehalten, und sein ärztlicher Wirkungskreis in allen Ständen war zu allen Zeiten ein so ausgedehnter, dass er in manchen Lebensperioden fast verzweifelte und unter der Last seiner practischen Beschäftigungen fast zu erliegen fürchtete.

XII.

J. G. Rademacher über das ärztliche Gewissen und über Aftermedicin.

Gewiss hat nicht wenig zu dem Erfolge von Rademachers Erfahrungsheillehre auch bei denen, welche nicht auf demselben wissenschaftlichen Boden mit dem Verfasser standen, die liebens- und achtungswürdige Persönlichkeit beigetragen, welche das Buch enthüllte. Die geringen Ansprüche an andere, verbunden mit der grössten Strenge gegen sich selbst, die Unbekümmertheit um Lohn und Dank seiner Mühen, die Verbindung des scharfen Weltverstandes mit kindlichem Wohlwollen, welche diesen Arzt beseelten, sind von ihm selbst unübertrefflich in der Erfahrungsheillehre (Ausgabe von 1843, S. 1259) ausgesprochen: „Wer kann die Doppelheit in dem Menschen verkennen, das sittlich Geistige und das sinnlich Leibliche? Beide Naturen" sind in einem beständigen Kampfe begriffen, ja, das sittlich geistige Leben äussert sich nur durch diesen Kampf. Je zahlreicher die Menschen sich mehren, je stärker kreuzen sich die Interessen der Einzelnen, treffen auf einander, stossen sich ab, oder ziehen sich an und bilden so das wirre Treiben des bürgerlichen Lebens, dessen Hauptzwecke zuförderst Erhaltung des physischen Seyns und weiter die Annehmlichkeit des physischen Seyns ist. Da nun das Treiben des bürgerlichen Lebens sich einzig um etwas Leibliches drehet, wie kann man sich wundern, dass das Sinnliche allenthalben vortritt und das Sittliche zurücktritt? Mir scheint vielmehr das Gegentheil eine Unmöglichkeit. Darum nennet auch Schiller in seinem Glockenliede das bürgerliche Leben mit Recht ein feindliches. Der Arzt, der als Practiker, als Gewerbtreibender in diesem feindlichen Leben einen Platz behaupten will, muss sich also mit dem Gedanken vertraut machen, dass er eben so wie jeder Gewerbtreibende, in der Mitte seiner Feinde stehet. Es könnten mir aber einige jüngere Leser, in deren Gemüthern noch der Dichtung Feuer glimmt, den Vorwurf machen, ich wolle die Aerzte mit Menschenhass erfüllen, aus welchem doch nichts anderes als Lieblosigkeit, krämerischer Sinn und Vergaukelung der edlen Heilkunst entsprossen müsste. Ich bin aber wirklich der ganz entgegengesetzten Meinung. Gerade die poetische, ideelle Auffassung der Menschenwelt führt den Arzt, der in dieser Welt seinen Platz behaupten soll, zu den grössten und bittersten Täuschungen, und gerade diese Täuschungen erzeugen leicht kalten Hohn und Menschenhass, woraus denn krämerischer Sinn und Verunedlung der Kunst hervorgehen. Macht sich hingegen der Arzt mit dem prosaischen Gedanken vertraut, dass er in der Mitte seiner Feinde lebe, so schützt ihn dieser Gedanke kräftig vor allen sittlichen Verirrungen, und befähigt ihn, der Heilkunst bei den Menschen die Achtung wiederzuverschaffen, welche sie, nach der Meinung einiger heutigen

Schriftsteller fast verloren hat. Der Arzt, der auf keinen Dank rechnet, wird gewiss den Menschen treuer und uneigennütziger in ihren Nöthen dienen, als der, welcher darauf rechnet. Wenn Ihr, meine Freunde! Hunger und Durst fühlt, so esset und trinket ihr doch bloss, weil dieses Gefühl Euch dazu treibt, nicht, um als tüchtiger Esser und Trinker gelobt zu werden; nun, ebenso übet ihr als Aerzte Treue und Menschenliebe, bloss, weil Euer sittliches Gefühl dies von Euch heischt, nicht, damit man Euch lobe und Euch danke. Aus der innigen Vertrautheit mit dem Gedanken, in der Mitte seiner Feinde zu stehen, entspriesst dann der wahre Gottesfriede, der uns das feindselige Treiben der Welt ohne Bitterkeit, mit ruhigem, immer heiteren Sinne beschauen lässt. Wenn Menschen, denen wir lange mit Liebe und Treue gedient, uns später Böses thun, so störet das nicht im mindesten die Ruhe unseres Gemüthes, veranlasst uns nicht zu Klagen über Undankbarkeit, macht uns nicht zu Menschenfeinden, denn wir haben ja nichts besseres erwartet, und begreifen, dass Erziehung und bürgerliche Verhältnisse in diesen Leuten das Heilige verdunkelt haben, und dass sie, mit der Sinnlichkeit Fesseln gebunden, nicht wissen, was sie thun." — R. stand im 69sten Lebensjahre, als er (am 1. April 1841) die Vorrede zur Erfahrungsheillehre niederschrieb; man könnte diese abgeklärte Gesinnung auf Rechnung des Alters schreiben, aber der Grundzug derselben findet sich schon in den „Briefen über die Aftermedicin und deren Nothwendigkeit im Staate" (Cöln 1804), deren Vorrede am 6. Februar 1804 abgefasst ist, wo R. erst im 32sten Jahre stand und erst wenige Jahre Arzt war (seit 1796 in Cleve, seit 1797 in Goch, vergl. Rademachers Leben von Dr. Bergrath Berlin, G. Reimer 1850.)

Ich will im folgenden den wesentlichen Gedankengang jenes seltenen Werkes, der „Briefe für Aerzte und Nichtärzte über Aftermedicin etc." kurz angeben und einige Stellen herausheben, deren Interesse nicht an Ort und Zeit gebunden ist. R. schreibt im ersten Briefe an einen Jugendfreund: „Endlich bin ich müde, Deine Klagen über Afterärzte anzuhören. — — Vielleicht ist es nützlich für Dich, wenn ich eine Untersuchung anstelle: Ob es auch wohl möglich sei, die Medicasterei in einem Staate zu unterdrücken! — — Man lieset Verordnungen gegen die Medicasterei, man lieset, welche vortreffliche Einrichtungen dieser und jener Staat getroffen, um gute rationelle Aerzte zu bilden, welche Mühe man sich gibt, um sie, ehe man ihnen die Erlaubniss, ihre Kunst auszuüben ertheilt, zweckmässig zu prüfen. Sollte es denn so ganz uninteressant sein, die Meinung eines Mannes über solche Sachen zu hören, der seit neun Jahren in einem Lande lebte, wo man keine Doctordiplome, keine Medicinalgesetze, keine Approbationen, keine Prüfungen kannte, wo jeder, der jährlich für einige Livres ein Patent löste, Arzt war?" Er schildert dann den Zustand der medicinischen Anarchie, als sein Vorgänger, „ein gelehrter Mann, der strenge auf die Ausübung der preussischen Medicinalgesetze hielt", drei Jahre lang das Bette hüten musste, ehe er starb, und legt seine Grundsätze der Toleranz dar, welche er selbst den mit Bühne und Hanswurst agirenden Marktschreiern gegenüber ausübte. Diese Toleranz habe der Marktschreierei mehr Einhalt gethan, als die früher geübte Strenge; „ganz die Medicasterei zu verbannen, stehet nicht in meiner Gewalt, indem ich nicht im Stande bin, alle Ursachen derselben aufzuheben."

Im zweiten Briefe gibt er folgendes System der Afterärzte: I. Solche, welche durchaus keinen Schatten von medicinischer Kenntniss besitzen. Deren gibt es zweierlei Arten: 1) solche, welche einige Recepte oder ein altes Buch haben und nach diesen blindlings curiren, meist Bauern und Handwerker, die gefährlichsten von Allen; 2) solche, welche Krankheiten durch keine oder doch ganz unbedeutende Mittel blos durch den Glauben heilen. Diess kann aber auf dreierlei Art geschehen: a) ganz ohne Mittel durch Herbeten gewisser Formeln; b) durch ganz unbedeutende

Mittel, denen man aber eine übernatürliche Kraft zuschreibt;
c) durch Sympathie. Beispiele zu diesen Arten und Betrachtungen darüber füllen den zweiten und dritten Brief, in welch' letzterem die Wunderheilungen der Wallfahrer nach Kevelaar einen grossen Raum einnehmen (vergl. über Kev. auch Erfahrungsheillehre S. 1292). Der vierte Brief beginnt mit II., Solche, welche zwar etwas medicinische Kenntnisse haben, aber nicht das Ganze der Heilkunde umfassen: 1) Chirurgen. Nachdem R. den gewöhnlichen Bildungsgang der Wundärzte geschildert, fährt er fort: „Ein solcher Mensch hat wirklich von der Chirurgie nur sehr dürftige Kenntnisse, aber eben, weil er das Ganze seines Faches nicht übersehen kann, hält er sich für unbeschreiblich geschickt. Die Chirurgie scheint ihm zu kleinlich, der gemeine Mann verlangt bei innerlichen Krankheiten seine Hülfe; er schämt sich zu gestehen, dass es ihm an Kenntnissen fehle, er ordinirt und der Kranke wird besser. Die unbestimmten Grenzen der Medicin und Chirurgie kann er dem Volke doch nicht klar machen; wollte er jedesmal einen Arzt zu Hülfe rufen, so würde er bald seinen Credit verlieren, ja er setzt sich dem aus, dass der Arzt mit arroganter Miene ins Zimmer tritt, den Kranken examinirt, den anwesenden Chirurgus kaum bemerkt, kaum dessen Relation anhört, die vorhandenen Arzneien hämisch auf die Seite schiebt, Dinte, Feder und Papier verlangt, schweigend ein Recept schreibt, und es einem Anwesenden hinreicht, um es zur Apotheke tragen zu lassen. So ist der Chirurgus wirklich gezwungen, wenn er nicht ganz unter die Füsse getreten sein will, die Rolle des Arztes zu spielen, so gut es gehen mag." Einen ferneren Grund der Medicasterei findet R. in der grossen Anzahl der Chirurgen. Nachdem er die zu seiner Zeit in der Umgegend von Goch wohnenden aufgezählt, fügt er hinzu: „Sollte man nicht wahrhaftig glauben, diese Gegend sei bloss von Gemsenjägern oder Schieferdeckern bevölkert, deren gefährlicher Beruf auf viele Beinbrüche, Quetschungen etc. rechnen liesse, und

doch wohnen in diesem Lande bloss Ackersleute, und das Völkchen ist dabei so friedsam, dass es sich nicht einmal an Festtagen bei der Branntweinflasche rauft." Die Feldschere könnten nur leben, wenn sie ein Nebengeschäft hätten, denn auch die Preise seien durch die übergrosse Concurrenz so gedrückt, dass, wie R. anführt, für 1 Groschen 4 Pfennige einem Bauer auf dem Fusse zur Ader gelassen und noch dazu das Wasser warm gemacht wurde und man sich für 2 Groschen einen Zahn konnte ausziehen lassen. Endlich seien die Medicinalcollegien wenig bedacht, die Chirurgen vor Pfuschern zu schützen.

Der fünfte Brief handelt 2) von den Apothekern und wie sie theils durch die Anforderungen des Publicums, theils auch durch allzu grosse Concurrenz veranlasst werden, in der Behandlung von Kranken einen Nebenverdienst zu suchen. R. ist bekanntlich auf das ganze Apothekenwesen nicht gut zu sprechen und hat diese Angelegenheit in der Erfahrungsheillehre S. 1220 ff. ausführlich besprochen, weshalb wir hier nur seine gegen die chemische Unkenntniss der Aerzte gerichtete satyrische Anmerkung (S. 49) mittheilen wollen. „Die Kunst, das Unmischbare mischbar zu machen, ist einem Apotheker sehr nöthig und ich rathe jedem jungen Mann, sich bei Zeiten darauf zu legen. Wer nicht Arzeneisubstanzen in Formen bringen kann, in welche sie ihrer Form nach nicht zu bringen sind, der kann auch unmöglich den Beifall aller Aerzte haben. So muss z. B. ein geschickter Apotheker aus 8 Unzen Wasser und einer halben Unze Traganthgummi einen Trank zu machen verstehen, er muss wissen, wie er holzige Pulver mit reinem Quassia-Extract zu Pillen knete, auch wohl noch gar Alcali vegetabile darunter mischen können. Eine gute Portion wirksames Bilsenkraut-Extract mit Zucker zu einem trockenen Pulver zusammen zu reiben, das muss ihm eine Kleinigkeit sein, und wenn er nicht mit Weingeist abgeriebenen Kampfer so mit einer wässerigen Mixtur vermischen kann, dass er sich nicht absondert, so halte ich ihn für einen

Esel. Wollte er dem Herrn Doctor oder Professor sagen, dass solche Verordnungen unmöglich zu befolgen wären, so würde man ihn für einen naseweisen Menschen ausschreien und ihn laufen lassen."

„Der sechste Brief handelt von den Medicastern, welche, meist nach überlieferten Recepten, nur einzelne Krankheiten behandeln, der siebente geht auf die Paradoxie des Titels ein: „Nothwendigkeit der Aftermedicin im Staate". R. wirft die Frage auf: „ist es auch wohl möglich, dass alle Kranken in einem Lande von den darin angestellten Aerzten können zweckmässig besorgt werden?" und beantwortet sie nach den damaligen Verhältnissen des Landes Cleve folgendermaassen: „Der Flächeninhalt unseres Landes ist ungefähr 22 Quadratmeilen, die Bevölkerung nach der neuesten Zählung 46,340 Menschen. Man kann die Bevölkerung der Städte ungefähr auf 20,000 Menschen rechnen. Drei dieser Städte: Cleve, Goch und Xanten mit 10,600 Seelen haben 6 Aerzte; wie können aber 6 Aerzte für die Gesundheit von 46,340 Menschen sorgen, von denen nur 10,600 in Städten zusammen wohnen, 35,740 aber in einem Lande von 22 Quadratmeilen zerstreut sind und wo von diesen 35,740 gewiss 1000 bald hier bald dort in einzelnen Häusern wohnen?" Die weitere Beweisführung findet statt durch eine Schilderung der Praxis in dem dünnbevölkerten, wegelosen Lande, welche mitunter an die Scene aus dem entgegengesetzten Pol der preussischen Monarchie, die Entbindungsreise in Litthauen (vergl. S. 38) erinnert. Aber wie drastisch R. auch die Leiden der Landpraxis schildert, so ist er doch nicht unempfindlich gegen deren Lichtseite, die goldne Freiheit, welche aus der Abhängigkeit von Allen, nicht von Einem entspringt.

„Wenn ich an die Aerzte grosser Städte denke, so fällt mir das alte Sprichwort ein: Es ist nicht alles Gold was glänzt. Wie manchen Verdriesslichkeiten ist da der Arzt ausgesetzt, von denen ich hier nichts zu befürchten habe. Ich glaube wahrhaftig, es gibt Tage, an welchen mancher betitelte und unbetitelte Amtsbruder sich aus seiner Carosse auf meinen Gaul wünschen möchte. Wenn ich durchnässt und von Kothe bespritzt nach Hause komme, so lasse ich meinen Mantel trocknen, bin ich von Kälte erstarrt, so kann ich mich am Ofen wieder wärmen, hat mich die brennende Hitze erschöpft, so lege ich mich im Garten unter einen Baum, lese in Röschlaubs Pathogenie und schlafe ein. Aber wenn ich Aerger und Verdriesslichkeiten hätte, ja, da wäre ich ein unglücklicher Mensch. Solche Eindrücke kann nur die Zeit verlöschen; darum ist auch mein Grundsatz, sie zu vermeiden. Hier ist dieses möglich. Wenn mir jemand etwas in den Weg legt, so lasse ich ihn laufen, denn ich kenne hier Niemanden, dessen Beifall oder Tadel einen merklichen Einfluss aufs Ganze habe und mir einen merklichen Vortheil oder Schaden in meiner Praxis verursachen könnte. Dagegen halte ich die kleinstädtischen Aerzte, welche Leibmedici kleiner regierender Grafen oder Fürsten sind, für die unglücklichsten Geschöpfe, denn ihre Existenz als Aerzte hängt in dem beschränkten Cirkel, worin sie practiciren, vorzüglich von den Launen eines solchen Herrn ab."

Der achte Brief schildert dann die mässigen Wohlstands-Verhältnisse der Bewohner des clevischen Landes, welche es für einen Arzt ohne eigenes Vermögen bedenklich machen, seine Existenz auf den Ertrag der Praxis zu gründen und kommt zu dem Schluss: „da sich aus der Vergleichung des Flächeninhalts unseres Landes, der Zahl der Bevölkerung und der Zahl der ordentlichen Aerzte die Unmöglichkeit der kunstmässigen Behandlung aller Kranken ergibt; und da wegen der mittelmässigen Vermögensumstände der Einwohner mehr Aerzte hier nicht leben können, so folgt, dass in unserer und allen ähnlichen Provinzen die Medicasterei ein relativ nothwendiges Uebel sei" — quod erat demonstrandum. Der neunte Brief handelt von der Unvollkommenheit der Aerzte als Ursache der Medicasterei. Die Aerzte werden in vier Classen eingetheilt: 1) Originalköpfe (Brown); 2) deren Trompeter (Röschlaub); 3) Eclectiker; 4) Nachbeter a) solche, welche auf das schwören, was sie zuerst, b) welche auf das schwören, was sie zuletzt gehört haben; die letzten sind die zahlreichsten. Diese Classe wird mit gutem Humor und zahlreichen Beispielen als dem Ansehen der schulgerechten Heilkunde am verderblichsten characterisirt. Von diesen Beispielen führen wir nur folgendes an: „Sehr genau kenne ich eine Frau, welche als Mädchen in einem Erziehungs-Institut von der Krätze angesteckt wurde. Der Arzt des Instituts reinigte ihr das Geblüt so lange, bis sie der Schwindsucht nahe kam. Wie ihr Elend aufs höchste gestiegen war, so vertraute sie sich einem vernünftigen Wundarzte an. Dieser stellte ihre Gesundheit durch eine zweckmässige Diät, stärkende Arznei und äusserliche Mittel wieder her. Indessen, ob dieser Mann gleich alles Mögliche leistete, so konnte er doch das nicht wieder gut machen, was der hochgelehrte Hr. Doctor verdorben hatte, denn die Frau hat ihr volles blühendes Ansehen nie wieder bekommen." Der zehnte Brief handelt von dem Neid, der elfte von dem Geiz der Aerzte, der zwölfte von dem unnöthigen Aufwand an Arzneimitteln, alles als Ursachen der Aftermedicin, welche in den Aerzten selbst liegen. Im dreizehnten Briefe wird gezeigt, wie auch der geringere Grad geistiger Cultur die Pfuscherei befördere. Fast jeder Mensch, auch der ungebildete will, dass der Arzt ihn nicht nur von seiner Krankheit befreie, sondern ihn auch darüber belehre, ihm wenigstens die hervorstechendsten Erscheinungen erkläre. - — „Der gebildete Mann befolgt, soviel ich beobachtet, die Vorschriften des Arztes viel genauer, der ihm gezeigt, warum so und nicht anders verfahren werden muss, als die Vorschriften des stummen Practikers, der ihn gleich einem Inquisitor examinirt, ein Recept schreibt und sich empfiehlt. — Schwieriger ist die Verständigung mit den Ungebildeten. Von jeher hat das gemeine Volk über allerlei Krankheiten schwatzen gehört, zwar nur mystische Worte und Redens-

arten, mit denen es keinen oder doch einen sehr dunkeln
Begriff verbindet, welche es aber doch von dem Arzte her-
gesagt zu hören verlangt. Aber der Arzt soll auch dem
allgemeinen Vorurtheil nachgeben und ihn diesem gemäss
behandeln. Der [rationelle Heilkünstler kann dieses nicht,
wohl aber der Quacksalber, der entweder ebenso dumm ist,
als der Patient, oder eigennützig genug, um ihm in Allem
nachzugeben. Daher kommt es denn auch, dass das Volk
lieber zum Medicaster gehet, als zum ordentlichen Arzte."

Die folgenden Briefe stehen nur in lockerer Verbindung
mit dem Thema, aber sie sind interessant für Rademachers
Characteristik, dessen ernstes Streben nach Wahrheit und
Vervollkommnung in der Heilkunst sie kundthun. Sie
handeln von der Unvollkommenheit der Heilkunst selbst
als Ursache der Aftermedicin (14. Brief); von dem sogenannten „practischen Gefühl" (15. Brief); von dem verschiedenen Character acuter Krankheiten (16. Brief); von
der Hinfälligkeit unserer Maschine, welche keine Kunst ab-
halten kann (17. Brief); von den gesetzlichen Maassregeln,
um der Bevölkerung eine ausreichende Hülfe durch rationell
gebildete Aerzte zu gewähren (18. u. 19. Brief); und endlich über die gesetzliche Verfolgung der Afterärzte. Der
Schluss dieses zwanzigsten und letzten Briefes, eine Zusammenfassung von dem Inhalt des ganzen Buches, möge hier
noch stehen: „Mehrere Ursachen der Aftermedicin liegen
in den Aerzten selbst. Es stehet also in deiner und jedes
Heilkünstlers Gewalt, sie aufzuheben. Verbanne allen Neid
aus deinem Herzen. Sei nicht habsüchtig. Hänge nicht
blindlings an älteren und neueren Theorien, aber verachte
sie auch beide nicht, denn du kannst aus beiden Ideen
schöpfen oder sie können dir Veranlassung zu neuen geben,
denen du die Erhaltung vieler Mitbürger verdankst. Meide
allen unnöthigen Aufwand von Arzneimitteln. Lerne die
Körper deines Klimas kennen. Vernachlässige nie die
Armen, wenn dir die Reichen ihr Zutrauen schenken.
Studire die Heilkunde, nicht bloss ein System der Heil-

kunde, denke selbst darüber nach, denke dir deutlich ihre Unvollkommenheit, so wird dir deine gesunde Vernunft in einzelnen Fällen sagen, wie du trotz dieser Unvollkommenheit mit möglicher Sicherheit handeln kannst, und so wirst du selten in den Fall kommen zu straucheln. Verbanne alle Charlatanerie und suche, soviel du kannst, richtige Begriffe über die Heilkunde unter deinen Mitbürgern zu verbreiten. Sei zu stolz, über Afterärzte zu seufzen und zu schimpfen oder sie zu verklagen, und mache dadurch stillschweigend dem Volke begreiflich, dass die rationelle Medicin eine Kunst sei, welche sich selbst ohne alle Kunstgriffe, ohne äussere Hülfe aufrecht erhalten könne."

Wenn wir noch etwas hinzuzusetzen hätten, so wäre es der Wunsch, die künftigen Verfasser von „Anleitungen zur ärztlichen Praxis" möchten dem lebendigen Buche Rademachers einige feine Winke und Beobachtungen entlehnen, um dadurch ihre oft sehr trockenen abstracten Regeln etwas anziehender zu machen.

XIII.
Antibarbarus medicus*).

Motto: Wen's juckt, der kratze sich.

Bei aller Anerkennung des Wesens der Fortschritte der heutigen Medicin, dürfte es doch nicht unangemessen sein, einige Bemerkungen über die Form zu machen, in der dieselben nur zu häufig vorgetragen werden. Wir meinen, wer die Geduld hat, genaue Krankenbeobachtungen zu machen oder physiologische Untersuchungen vorzunehmen, könnte sich auch die Zeit nehmen, welche zum Ueberlesen und Feilen seiner Mittheilungen gehört. Ist es in der Muttersprache Nachlässigkeit und Nachahmung schlechter Vorbilder, welche viele Fehler verschuldet, so scheint in Hinsicht der classischen Sprachen mangelhafte Kenntniss

---

*) Zuerst gedruckt im Archiv f. pathol. Anat. Bd. XXI. S. 361.

die Ursache des neuen Küchenlatein zu sein. Man erlaube
uns einige Beispiele anzuführen, wie sie die tägliche Erfahrung ergibt. Bekanntlich pflegen Personen, welche oft
dasselbe zu sprechen oder zu schreiben haben, in Abwechslung mit den gebrauchten Ausdrücken eine gewisse
Zierlichkeit zu suchen. So ist zuerst in Oesterreich die
Sitte entstanden, unterfertigt statt unterzeichnet zu
schreiben und daraus ist denn allmählig gefertigt geworden,
welches, wenn es einen Sinn hätte, den homo zum homunculus im Faust'schen Sinne machen würde. In ähnlicher
Weise haben die Kaufleute angefangen, in die stehenden
Phrasen ihrer Geschäftsbriefe dadurch einige Abwechslung
zu bringen, dass sie bei coordinirten Sätzen mit verschiedenem Subject eine nach dem Worte und ganz sprachwidrige Inversion eintreten lassen. Seit einiger Zeit ahmen
manche Aerzte dies nach und einzelne wenden die geliebte
Inversion sogar an, wo beide Sätze dasselbe Subject haben,
z. B.: „Dann reichte er mir die Hand und bemerkte ich
jetzt"; „einige Minuten später kam ihm der Gedanke ein,
dass er Chloroform habe, und beschloss er"; „er gebrauchte
die Kaltwassercur und mussten seine Hände zusammengebunden werden": oder gar: „Er zeigte mir interessante
Präparate und sagte er mir". — Von Rokitansky, einem
geborenen Polen und auf österreichischen Schulen in
deutscher Sprache unterrichtet, ist kein guter deutscher
Styl zu verlangen, aber manche Schriftsteller meinten, sie
seien schon grosse pathologische Anatomen, wenn sie schlecht
deutsch schrieben („Wie er sich räuspert und wie er
spuckt" u. s. w. Exemplar vitiis imitabile) und so haben
wir hochgradig und mehr weniger bei uns eingeführt
gesehen.

In den alten Sprachen sind eine Menge orthographische und grammatische Fehler so allgemein eingerissen,
dass sie kaum noch zu vertilgen sind (Vergl. das Verzeichniss von Ed. Zeis in Walther und Ammon's
Journal I. 293. 1843). So schreiben fast sämmtliche Lehr-

bücher der Materia medica: Hydrargyrum als Nominativ, während die richtige Form Hygrargyrus und verkleinert Hydrargyrium ist. Eine Vorschwebung von Parenthesis macht auch die Paracentese aspirirt (Paracenthese), als wenn tithemi und kentos irgend etwas Gemeinsames hätten, und die Vorschwebung, dass Iliade eigentlich Ilias heisst, macht auch aus Varioloides den Singular Variolois, da doch das *d* zum Stamm gehört (Variola, eidos) und das Wort an sich schon schlecht genug gebildet ist, um eine weitere Verunstaltung nicht zu bedürfen. Nicht weniger häufig wird das Beiwort pathologisch falsch angewandt; „pathologischer Vorgang" statt pathischer, wenn denn durchaus das gute Wort krankhaft als deutsch keine Stelle soll finden dürfen. Wie rasch solche Fehler sich verbreiten, geht aus dem Beispiel des Wortes Referat hervor. Die kindliche Weise, alle Zeitwörter nach der ersten zu conjugiren, wurde noch von Julius Minding in seiner „Beleuchtung des literarischen Treibens des Herrn J. J. Sachs" (Berlin 1842), bei diesem ersten medicinischen Journalisten als Beweis unerhörter Unwissenheit getadelt, während jetzt das Referat allgemeines Bürgerrecht erlangt und die Relation wie den Bericht vollständig überwuchert hat. So fällt auch heute die richtige Schreibart mesaraicus (mesos, araion) auf, weil meseraicus den Markt allein beherrscht. Die heilloseste Verwirrung hat der verwandte Klang von botrys (Traube) und bothrion (Grube) bei Bothriocephalus angerichtet, welchen man bald Botryocephalus, bald Bothryocephalus, fast nie aber richtig geschrieben liest.

XIV.
Kleinere Mittheilungen.

Abernethy's Werbung*).

Man erzählt, dass, während Abernethy einige Wochen hindurch eine Dame behandelte, er an ihrer Tochter so vortreffliche Eigenschaften entdeckte, wie sie zu einer glücklichen Ehe gehören. Demgemäss redete er seine Kranke, als er sich an einem Samstag von ihr verabschiedete, folgendermaassen an: „Sie befinden sich nun so wohl, dass ich erst bis Montag Sie wieder zu besuchen brauche, um Sie aus meiner Behandlung zu entlassen. Aber ich bitte in der Zwischenzeit Sie und Ihre Tochter, einen Vorschlag ernstlich zu überlegen, welchen ich Ihnen machen will. Ich weiss, dass er plötzlich und gegen den Gebrauch kommt, mein Beruf nimmt aber meine Zeit so sehr in Anspruch, dass ich keine Musse habe, was ich will auf dem Wege der Aufmerksamkeit und Bewerbung zu erreichen. — Mein Einkommen beläuft sich auf — — L. St. und ich kann meiner Frau — L. St. verschreiben; mein Character ist dem Publicum allgemein bekannt, so dass Sie sich leicht über ihn unterrichten können. Ich habe Ihre Tochter als ein zärtliches Kind, eine treue und sorgsame Pflegerin und ein gebildetes und zierliches Familienglied kennen gelernt; ein solches Mädchen muss alles sein, was ein Gatte nur verlangen kann und so biete ich ihr meine Hand und mein Vermögen an. Bis Montag, wenn ich Sie besuche, erwarte ich Ihren Entschluss zu hören, denn wahrlich, zum Courmachen habe ich keine Zeit." In dieser Weise wurde in der That die Ehe geschlossen, welche in jedem Betracht glücklich ausfiel.

---

*) Medical Times 15. Februar 1862. S. 180.

Nachträgliches zu J. Taylor.

Zu S. 101. Taylor's erster Aufenthalt in Frankfurt dauerte bis zum 23. Februar 1750, nicht 1752. Aus mehreren Anzeigen im Frankfurter Intelligenzblatt (ehemals Frag- und Anzeigungsnachrichten genannt) vom Jahr 1757 ersehe ich, dass er in diesem Jahre (S. 107) abermals hier war. Eine Anzeige vom 5. August erwähnt als verrichtete glückliche Curen, welche Aufsehen erregen, eine künstliche Pupillenbildung und eine Extractio cataractae. Es heisst ferner: „Die folgende Woche wird das jüngst in der Zeitung versprochene Werk: „von der Erhaltung des Gesichtes" zu haben sein, nebst einer Beantwortung alles dessen, was seine Gegner jemals gegen ihn vorgebracht in Ansehung seines überall erhaltenen Ruhmes. Es finden sich täglich immer mehr Leute bei ihm ein, so von allerlei Orten herkommen und Hülfe bei ihm suchen in Augengebrechen." Ferner heisst es am 26. August: Der berühmte Herr Ritter v. Taylor hat einen so starken Zulauf von Leuten, dass er nicht weiss, wo er anfangen soll etc. Nächsten Dienstag muss er in Mainz ankommen etc. Am 17. September: „Am 22. d. wird der Ritter v. Taylor wieder hier eintreffen, wo viele Patienten auf ihn warten. S. Kurfürstl. Gnaden von Trier haben den Hrn. Ritter bei dessen neulichem Aufenthalt in Coblenz besucht, seine Instrumente und Operationen angesehen und werden denselben wegen seiner glücklichen Curen mit besonderen Gnadenbezeugungen von sich lassen. Taylor bringt von Coblenz verschiedene Personen mit, welche sich von ihm behandeln lassen, und wird wieder im goldnen Stern in der Fahrgasse wohnen." Dagegen bringt das Blatt vom 7. October ein Dementi des angeblichen kurfürstl. Besuchs; „S. Gnaden haben dem Hrn. Taylor alleinig gestattet, seine zu denen Operationen gebrauchende Instrumente Ihro in Dero Residentz zu Ehrenbreitstein unterthänigst vorzuzeigen; was von einem Besuch gemeldet worden, ist irrig und erdichtet."

Zu S. 114. Am 17. Juli 1761 kündigt sich im Marktschreierton der weltberühmte Herr von Wenzel an, Oculist von Ihro K. K. Majestäten († 1790), verspricht, die Cataract ohne Schmerz in Zeit von einer Minute herauszunehmen, „zeitig oder nicht, oder besser gesagt, hart oder weich." Wegen des grossen Zulaufs von Blinden will er sich bis Ende des Monats in Frankfurt aufhalten und dann über Mainz, Coblenz, Cöln und Lüttich nach Holland reisen.

Günther's Vorstellung zur Besänftigung seines Vaters beim Abschied aus dem Vaterland*).

Mit dem Doctor kaum zwei Jahre flüchtig durch den Sennert
              laufen,
Hunde würgen, Feuer sehen, Pillen drechseln, Kräuter rauffen,
Auf gerathewohl verschreiben, andre neben sich verschmäh'n,
Und sich bei dem Sterbebette in der Staatsperuque blehn,
Ist so thöricht als gemein, thut auch selten grosse Wunder:
Bücher, Tiegel, Glas und Ring sind zusammen nichts als
              Plunder,
Wenn man die Gesundheitsregeln nicht vorher in Kopf
              gebracht,
Noch auch durch vernünftig Schliessen die Erfahrung brauchbar macht.
Will man nun, den Stümpern gleich, nicht an jeder Klippe
              scheitern,
So bemüh' man sich zuerst, Sinnen und Verstand zu läutern;
Man erforsche die Gesetze, die der Bauherr schöner Welt
Ehmals zwischen Geist und Körper ewiglich und festgestellt.
Dies erfordert etwas mehr, als in alten Schwarten wühlen,
Und mit Knochen, Stein und Kraut oder heissem Erze spielen.

---

*) Joh. Christian Günther's aus Schlesien Gedichte. Frankfurt und Leipzig und Breslau 1730—35. 4 Theile in 2 Bänden. I. 340. Ueber Günther (1695—1723) vergl. G. Gervinus Gesch. der poetischen Nationalliteratur der Deutschen. 3. Aufl. 1848. III. 500—507.

Wer die Wissenschaft der Grösse und der Kräfte nicht
versteht,
Kann den Leib unmöglich kennen, der wie Wasseruhren geht.

Kaiserschnitt vor der Hinrichtung.

In der noch ungedruckten Geschichte der Krankheit
und Visionen der Dominicanerin Margareta von Ebner zu
Medingen 1312—1353 wird erzählt: Eine Frau zu Medingen,
welche zwei ungesegnete Hostien aus der Kirche entwendet
und zu Lauingen an Juden verkauft hatte, wurde zum Tode
verurtheilt. „Da sy verurdeult wart zu dem tod, da schnaid
man ain Kind von ir, daz wart gedaufft, und man ver-
prant sy." (Zeitschrift f. deutsche Culturgesch. 1858. S. 330.)

Wenn ein Arzt aus Ehrsucht, Neid oder Habsucht
seine Forderungen unter der Taxe ausstellt, bloss um sich
eine grössere Kundschaft zu verschaffen oder einen Collegen
nicht aufkommen zu lassen, wie ist einem solchen Gebahren
zu begegnen? Der Beschädigte wird es oft Jahre lang
nicht inne, warum trotz seiner billigen Anrechnungen, trotz
seiner sorgfältigen Behandlung und seines leutseligen Be-
nehmens frühere Kunden ihm ausstehen, keine neuen zu-
wachsen. Zufällig erfährt er, dass, während er ein Recept
zu 15 kr. verschreibt, sein College bloss 12 kr. verlangt,
während er einen Krankenbesuch nach einem eine Stunde
entfernten Orte zu 1 fl. macht, der Andere 30—45 kr. dafür
nimmt, und zwar nicht von Unvermöglichen, sondern von
Bemittelten und selbst Wohlhabenden. Einsender dieses
hat einen Collegen kennen gelernt, welcher für eine Entbindung einen Kronthaler verlangte, einen anderen, welcher
für neun Besuche nach einem zwei Stunden entfernten Orte
von einem wohlhabenden Manne sich im Ganzen 1 fl. 45 kr.
zahlen liess. (Medizinisches Corresp.-Blatt des württemb.
ärztlichen Vereins. 1863. S. 149.)

Man lieset von des Constantinopoletanischen Kaisers Palaeologi, der zehn ganzer Monat an einer schweren kalten melancholischen Krankheit gelegen, Ehegemahl, dass ihr von einer alten Griechin heftig gerathen worden, wenn sie ihren Herrn gesund haben wollte, ihn wöchentlich zwei- bis dreimal zu erzürnen, darauf sie ihn nicht nur wöchentlich, sondern fast täglich zwei- bis dreimal erzürnt und ihn also gesund gemacht, und lange Zeit gesund erhalten. Wann aber dieses Zornmittel jederzeit rathsam wäre, hilf lieber Gott, wie wenig Männer würden krank sein! L. v. Hörnigk, Politia medica 1645. 4⁰ S. 171.

Ludwig von Hörnigk (geb. 1600 zu Frankfurt, gestorben 1667 zu Mainz) hat in seiner Politia medica (Frankfurt 1638. 4⁰) folgendes A B C von Medicastris aufgestellt:

Alte Weiber
Beutelschneider
Crystallenseher
Dorfgeistliche
Einsiedler
Fallimentirer
Gauckler
Harnpropheten
Juden
Kälberärtzt
Landstreicher

Marktschreyer
Nachrichter
Ofenschwärmer
Pseudoparacelsisten
Quacksalber
Rattenfänger
Segensprecher
Teufelsbander
Unholden
Waltheinzen
Ziegeuner

Kürzer drückt sich folgendes alte Distichon aus:
Fingit se medicum quisquis idiota profanus,
Judaeus, monachus, histrio, rasor, anus.

Auch die Mode hat auf die Blattern-Inoculation Rücksicht genommen. Zu Anfang der Regierungszeit Ludwigs XVI. trug man in Paris eine Coiffure de l'Inoculation, an der man eine Sonne (Ludwig XVI.), eine Schlange (Symbol der Arzneikunst), eine Keule und einen mit Früchten bedeckten Oelbaum sah, welcher die Beruhigung und Freude ausdrücken sollte, womit die Niederschmetterung der Pockenkrankheit alle Gemüther erfüllte.

Der berühmte A. F. Marcus (aus Arolsen) in Bamberg verordnete im Sommer 1811 einem Lungensüchtigen folgende Latwerge:

 Rp. Succ. liquir. unc. j.
 Lichen. islandici
 Herb. hyssopi
 " Veronicae
 " Heder. terrestris
 " Plantag. minoris
 " Capill. Veneris
 " Digitalis
 " Pulmonar. officinalis
 " Scabiosae
 " Consolid. saracenicae
 Flor. rosar. rubrarum
 Rad. Polygal. amarae
 " Ireos florentinae
 " Enulae
 " Symphyt. majoris
 Semin. phellandr. aquat. ana ʒjj

M. ft. pulv. subtil. et ft. cum mell. despum. q. s. Elect. molle D.S. Täglich viermal einen Theelöffel voll zu nehmen.

Der Apotheker brachte mit der Verfertigung dieses Recepts, wegen des dazu nöthigen Pulverisirens von so mancherlei Kräutern, einen ganzen Tag zu und lieferte Abends die Latwerge in einem grossen Topfe ab. Der Kranke stellte sie in seinem Schlafzimmer auf einen Tisch, da aber das Wetter sehr warm war, so gerieth die Latwerge in Gährung und der Kranke fand sie Morgens beim Erwachen zum Topfe herausgesprudelt und durch das Zimmer fliessen. Dr. K. (Hufeland's Journal. September 1826. S. 129.)

Von dem Herausgeber erschien früher:

A. Medicinische Schriften.

1) Die Krankheiten des Linsensystems nach physiologischen Grundsätzen. Eine von der Redaction der Annales d'Oculistique in Brüssel gekrönte Preisschrift. Frkft. a. M., Druck und Verlag von J. D. Sauerländer. 1845. 7 Bogen.
   I. Anatomie. II. Physiologie des L.-Systems. III. Geschichtliche Uebersicht der verschiedenen Ansichten über den Sitz und das Wesen des grauen Staars. IV. Untersuchungen über die Ursachen und das Wesen der Cataract. V. Ueber den angeborenen Staar.

2) Reisehandbuch für Aerzte und Naturforscher, zugleich als Versuch eines Wörterbuchs der medicinischen Geographie. Zweite gänzlich umgearbeitete Auflage des Reisetaschenbuchs. Erlangen, Ferdinand Enke. 1845. 27 Bogen.
   Das „Reisetaschenbuch" erschien 1841 zu Berlin bei Liebmann u. Co. in zwei Abtheilungen.

3) Die Geschichte der Heilkunde und der verwandten Wissenschaften in der Stadt Frankfurt a. M., nach den Quellen bearbeitet. Frankfurt a. M., H. J. Kessler 1847. 23 Bogen; jetzt zu beziehen durch Hrn. F. B. Auffarth.
   I. Abth. I. Buch. Geschichte der Volkskrankheiten. II. Buch. Medicinalgesetzgebung u. Medic.-Personen. III. Buch. Medic. Polizei und Staatsarzneikunde. IV. Buch. Krankenhäuser. V. Buch. Wohlthätigkeits- und Besserungs-Anstalten. VI. Buch. Wissenschaftliche Medicin u. Naturwissenschaften. II. Abth. Alphabet. Verzeichniss der Frankfurter Aerzte und Naturforscher.

4) Lebensregeln zum Schutze gegen die Cholera. Frankfurt a. M., F. B. Auffarth. 1 Bogen. Erste u. zweite Auflage. 1854.

5) Studien über Menschenblattern, Vaccination und Revaccination. Eine von der société médicale zu Genf gekrönte Preisschrift. Frankfurt a. M., F. B. Auffarth. 1861. 9 Bogen.
   Einleitung. Blumenlese aus nichtmedicinischen Schriften über die Blattern. I. Cap.: Die Gesetzgebung hinsichtlich der Kuhpocken-Impfung. II. u. III. Cap.: Geschichte der Ansicht, dass die Schutzkraft der Vaccine nur eine zeitweilige sei. IV. Cap.: Geschichte der neuesten Pockenepidemien. V. Cap.: Die Gegner der Impfung. VI. Cap.: Von der Uebertragungsfähigkeit einer Dyskrasie durch die Impfung. VII. Cap.: Von der Revaccination.

B. Geographisch-historische Schriften.

1) Die Verbreitung des deutschen Volkes über die Erde. Ein Versuch in vier Büchern. 11 Bogen. Leipzig, G. Mayer. 1845.
   I. Buch. Das deutsche Sprachgebiet mit den Sprachinseln und dem deutschen Element in den zunächst angrenzenden Ländern. II. Buch. Die Deutschen in Russland, Spanien, Grossbritannien. III. Buch. Die Deutschen in Africa, America, Australien. IV. Buch. Die Deutschen in einigen europäischen Hauptstädten.

2) Germania. Archiv zur Kenntniss des deutschen Elements in allen Ländern der Erde. 3 Bände. Frankfurt a. M., H. L. Brönner. 1847—49. 1506 S. mit einer grossen Karte der deutschen Colonien in Südrussland.
Enthält Originalbeiträge von Prof. Massmann, K. J. Clement, Arthur Schott, Dr. Gries, J. W. Wolf, G.-R. Neigebaur, Lorenz Diefenbach, H. Wuttke etc. und ist als eine Stoffsammlung zur Ergänzung der „Verbreitung" zu betrachten. Die beiden folgenden Werke:

3) Deutsch-russische Wechselwirkungen, oder die Deutschen in Russland und die Russen in Deutschland. Mit einer Karte der westlichen Vergrösserungen Russlands. XVI. und 294 S. Leipzig, G. Mayer 1849 (1848).

4) Die Deutschen in Spanien und Portugal und den spanischen und portugiesischen Ländern von Amerika. 324 S. Leipzig, G. Mayer 1850.
sind weitere Ausführungen einzelner Abschnitte der „Verbreitung".

5) Die Entwickelungsgeschichte der deutschen Nationalität seit dem Reformationszeitalter. 24 S. Frankfurt a. M., F. B. Auffarth. 1850.

6) Erinnerungsblätter an Wilhelm Friedrich Hufnagel, gesammelt und herausgegeben von seinem Enkel. Frankfurt a. M., J. D. Sauerländers Verlag. 1851. VIII und 128 S. mit einer Stammtafel.
Der Lebensbeschreibung ist eine Auswahl von Briefen an Hufnagel v. A. H. L. Heeren, J. P. Uz, G. Herder, J. G. Zimmermann, S. Heinike, C. Lavater, Carl von Dalberg, Hegel etc. und eine Original-Mittheilung von H. E. G. Paulus über seinen Umgang mit H. beigegeben.

7) Reisen der Brüder Schomburgk in Britisch-Guiana. Im Auszug für das grössere Publicum und die Jugend bearbeitet. Mit einer Karte. Frankfurt a. M., F. B. Auffarth. 1852. 9 Bogen.
Ein mit Genehmigung des Verlegers Hrn. J. J. Weber entworfener vollständiger Auszug aus den beiden ersten Bänden des 1847 und 1848 erschienenen, im Buchhandel vergriffenen Hauptwerkes (Preis 35 fl.), dessen dritter Band die streng wissenschaftlichen Ergebnisse der Reise enthält.

8) Frankfurter Säcularschrift. Der Ueberfall der Reichsstadt Frankfurt durch die Franzosen am 2. Januar 1759 und die vier ersten Monate der französischen Besetzung. Ein Beitrag zur Geschichte von Frankfurt, zur Geschichte des siebenjährigen Krieges und zur Jugendgeschichte Goethe's. Frankf. a. M., F. B. Auffarth. 1859. 30 S.

9) Goethe's Beziehungen zu seiner Vaterstadt. Ein Commentar zu Wahrheit und Dichtung 1749—1775. Supplement zu Goethe's Werken. Frankfurt a. M., F. B. Auffarth. 1862. IV u. 56 S.
I. Die Stadtverfassung. II. Die Kirchenverfassung. III. Topographisches. IV. Die Goethe-Textorische Familie. V. Knabenwanderungen. VI. Im neuen Hause. VII. In der Schule. VIII. Die Zurückgezogenen. IX. Der siebenjährige Krieg. X. Gönner. XI. Die Krönung. XII. Der junge Doctor. XIII. Brautschaft.

www.ingramcontent.com/pod-product-compliance
Lightning Source LLC
Chambersburg PA
CBHW020305170426
43202CB00008B/505